Matteo Caccia – Alessandro Genovesi

AMNÈSIA

MONDADORI

www.librimondadori.it

Amnèsia
di Matteo Caccia – Alessandro Genovesi

ISBN 978-88-04-58833-7

I edizione aprile 2009

Amnèsia

Matteo e Alessandro ringraziano quelli insieme ai quali fanno il programma su Radio2: Fabrizia Brunati, Tiziano Bonini, Luca Camisasca, Emma Caggiano, Renzo Ceresa, Sergio Valzania e Laura Fortini.

Ma ringraziano anche quelli che hanno avuto voglia di parteciparci: Andrea Di Casa, Giovanni Ludeno, Ginevra Notarbartolo, Roberta Rovelli, Cinzia Spanò e Natalia Piatti.

Mi chiamo Matteo Caccia. Sono nato il 24 luglio 1975. Ho trentatré anni e vivo a Milano. Non so se qualcuno si ricorda di me. Io no. L'8 settembre 2007 sono stato colpito da un'amnesia retrograda globale. Praticamente la mia memoria si è cancellata. Completamente. Da allora ho tenuto un diario. Quel diario ora è questo libro, si chiama *Amnèsia* ed è il racconto quotidiano della mia riscoperta del mondo. È una storia incredibile, ed è la mia. È iniziata l'8 settembre di un anno fa. Da quel giorno per me ogni volta è la prima volta.

1

Sono più o meno tre minuti che cerco di capire che cosa mi è successo. Il mio sguardo è fisso verso una ragazza di ventisette anni circa che suona un pianoforte a coda. Nero. Mi guardo intorno. Sembra un auditorium o qualcosa di simile. La sala è piena di gente che nella semioscurità guarda la ragazza ascoltando la sua musica. Sono a un concerto, questo mi sembra chiaro. Un concerto per pianoforte, per la precisione. Ma non so chi sono e perché sono qui. Il mio sguardo si ferma su una bambina di circa sette anni. Mi guarda. Perché mi guarda? Forse la conosco. Mi sorride e mi fa ciao ciao con la manina. Poi una signora accanto a lei le blocca la mano, la sgrida e le fa segno di stare ferma. Devo uscire. Ho bisogno di aria. Mi alzo di scatto, ma mi rendo conto di essere nel mezzo della fila. Per uscire devo fare alzare tutti. Però ormai sono in piedi. Non posso risedermi. Sembrerei un pazzo. A uno a uno si alzano per lasciarmi passare. Tutti mi guardano con disprezzo. Io me ne frego e riesco a uscire dalla fila. Poi scendo le scale e grazie a Dio sono fuori.

Il sole non me lo aspettavo. Il caldo è insopportabile. Ero convinto che fosse sera. Forse perché ero al buio. E invece c'è la luce. La luce del sole di mezzogiorno, tra l'altro. L'orologio di una banca segna le 12.10. Il termometro 34 °C. Sono in una piazza piccola con pochi alberi e un'edicola. Capisco che la banca è una banca e che l'edicola è un'edicola. Un signore anziano porta a spasso un cane. Riconosco anche il cane. Però, giuro, non so chi sono e perché sono qui. Mi guardo riflesso nella vetrina di un negozio. Ho addosso una maglietta azzurra con scritto PAN-AM, un paio di jeans e ai piedi delle scarpe da tennis logore. Nelle tasche ho un mazzo di chiavi, delle monete e un foglio di carta strappato da un quaderno con scritto: EVA 339 2733930. Mi gira la testa. Alzo gli occhi e respiro profondamente. Il mio cervello ha avuto un corto circuito, me ne rendo conto. Ma non riesco a fare niente se non rimanere fermo qui. A guardare il cielo.

Sento vibrare qualcosa all'altezza del cuore. Dalla tasca della camicia tiro fuori il telefono. Un messaggio in segreteria. "Ciao Matteo sono la mamma, com'è che non rispondi mai al telefono? Vabbe' guarda che tua sorella come al solito è in ritardo, dice che ti passa a prendere in piazza Cadorna alle 12 e un quarto. Vi aspettiamo per pranzo. Ah... lascia stare il dolce eh! Ti ho fatto il tiramisù. Ciao."

Non parlerò di cosa è stato entrare a casa di mia madre non sapendo chi ero. Né di quello che ci siamo detti e soprattutto quello che non ci siamo detti. Voglio parlare, invece, di cosa è stato ri-mangiare il tiramisù di mia mamma per la prima volta. Alla fine del pasto. Come fosse un'abitudine. Il fatto che alla fine di un pranzo dalla mamma venisse servita questa esperienza dei sensi non me lo ricordavo.

Riesco a sentire il sapore di tutti gli ingredienti. E a tutti gli ingredienti riesco a dare un nome. Il gusto delle uova lo associo alle uova. Quello del cacao mi ricorda sapori salati. I savoiardi, li mangiavo da bambino. Pucciati nel tè caldo si inzuppavano subito. Dovevi essere velocissimo a pucciarli, sennò se ne staccava un pezzo e cadeva nel tè. Il caffè! Ecco che cos'è questo gusto. Caffè! Mi piace tantissimo il caffè. E il mascarpone che lega tutto. Eppoi tutto l'amore di mia madre nel farlo. Nei suoi occhi, mentre lo mangio, c'è tutta la voglia di sapere se è buono o no. È buono, mamma. È la cosa più buona del mondo. Ma questa è la migliore. È la prima volta.

Quel giorno a mia mamma non ho detto nulla. Ho mangiato in silenzio e lei non mi ha chiesto niente. Solo dopo ho scoperto che questo è il nostro normale rapporto. Finito di mangiare sono uscito e ho cominciato a camminare. Non sapevo dove andavo, ma camminavo. Guardavo le persone... le strade, la città. Con le mani in tasca e il sorriso sulla faccia. Sento qualcosa nella tasca. Lo tiro fuori. È il biglietto di prima: EVA 339 2733930. Chiamo.

«Pronto?»

2

«Ehm... pronto Eva?»

«Ciao tesoro! Senti già la mia mancanza?»

«Ascolta, avrei bisogno di un favore.»

«Dimmi...»

«Ti va di venirmi a prendere tra un'ora?»

«È che... sto lavorando... Ma è successo qualcosa? Sei strano.»

«Senti, sono alla polizia. Ce la fai a liberarti e a venirmi a prendere tra un'ora?»

«Matteo, ma cosa è successo?»

«Poi ti spiego. Riesci a venire?»

«Arrivo. Dimmi dove sei.»

«Al comando della stazione centrale.»

«Ci vediamo lì fuori?»

«Grazie mille. A dopo.»

«Ma è successo qualcosa di grave?»

«No, no. Non ti preoccupare.»

Il poliziotto è già alla quarta Marlboro e sono più o meno quattro minuti che parlo. Nei suoi occhi vedo la perplessità di chi non capisce chi ha davanti. Forse un mitomane che ha bisogno di qualcuno a cui raccontare l'ennesima palla, forse un discotecaro con ancora in circolo la pastiglia della notte appena passata. Nel dubbio lui continua a fumare. I suoi baffi sono gialli come le pareti dell'ufficio. Ogni tanto tossisce. Ogni tanto annuisce. Mi guarda come si guardano quei matti che col caldo riempiono le città. Forse ho sbagliato a venire qui. Forse sarei dovuto andare in ospedale. In fin dei conti non ho niente da denunciare, se non il fatto che non so chi sono. Lui continua a guardarmi. Io continuo a parlare. Finalmente dice qualcosa. Mi consiglia di andare al pronto soccorso. Mi chiede se vuole che un suo collega mi accompagni.

«Ciao Eva. Sei qui? Arrivo.»

Lascio il poliziotto nella sua nube di fumo ed esco dal comando di polizia. Fa un caldo insopportabile. La piazza della stazione sembra... la piazza di una stazione. Bene. Comincio a riconoscere le cose. Sento qualcuno che mi chiama. Vedo una... donna? Sì è una... donna. Da come si sbraccia capisco che forse è Eva.

Quanto l'immagine che un nome ti evoca può essere distante dalla realtà? Premetto che non ho nulla contro le donne grasse. Almeno penso. In fin dei conti ho perso la memoria. Comunque vedendola rimbalzare verso di me, avvolta in questo abitino a fiori, mi ricorda uno di quei canotti a fiori che si vedono nei centri commerciali d'estate. Bene, mi ricordo anche dei canotti nei centri commerciali d'estate. La mia mente comincia a riassemblare. I suoi capelli sono rossi e il viso mi ricorda un... un... pomodoro. Ecco cosa sembra: un pomodoro coi capelli rossi. Come i tacchi a spillo possano sostenere tutto ciò è una domanda alla quale non riesco a dare risposta. Dopo un "ciao tesoro", mi ritrovo avvolto in un abbraccio pieno dell'acqua che il suo corpo sta espellendo per il caldo indescrivibile che fa. Si stacca poco dopo. Mi guarda languida e mi dà un bacio sulla bocca come fosse un'abitudine. La guardo. Lei mi guarda con gli occhi dell'amore. La mia bocca è ferma in una paralisi che simula un sorriso. Non può essere la mia fidanzata. Non è possibile. Chiedendomi di raccontarle che cosa è successo, mi prende sottobraccio e mi trascina verso la macchina.

Sono davanti al mio portone. Mi volto e vedo Eva che mi sorride dalla macchina. La saluto con la mano e la guardo partire a bordo della sua Smart. Noto che è piegata su un lato e capisco che è a causa del suo peso. Apro il portone e salgo le scale. È un palazzo antico che odora di cantina. Al primo piano ci sono tre porte e su una c'è scritto CACCIA. Non ho dubbi, sono io. Questo me lo ricordo. Infilo la chiave ed entro in casa. In casa mia. È una bella casa. In fondo all'enorme salone vedo un divano bianco. Mi ci sdraio. Sono stanco. Mi sono successe tantissime cose nelle ultime ore. Forse più di quante me ne siano successe negli ultimi trentadue anni. O forse no. Non posso saperlo. Non so chi sono. Anzi, chi sono lo so. Non so chi ero. In fondo non è così male. Inizia tutto da oggi. È comodo questo divano. E questa è una bella casa. Si sta bene. C'è un buon odore. Ho sonno. Devo dormire.

3

Driiin!

Apro gli occhi e cerco di realizzare dove sono. Mi guardo intorno. Okay. È casa mia. Io sono Matteo e ieri ho perso la memoria. Bene. Almeno questo me lo ricordo. Se non altro non è una cosa che si ripete tutti i giorni. Sai che palle risvegliarsi ogni mattina e non sapere chi sei?

Driiiin driiin driiiiiiin!

Apro la porta. Mia madre mi saluta ed entra in casa con due buste della spesa piene di roba e un sacchettino con due cornetti. Io ne addento uno mentre la guardo preparare il caffè. Mi racconta di mia sorella. Che il suo nuovo fidanzato non le piace per niente. Che non si capacita di come possa essere innamorata di quell'imbecille. Mentre mangio il secondo cornetto lei versa il caffè e mi dice che sono strano. Che forse è il caso che io mi faccia degli esami del sangue. Che sono due anni che non li faccio. Io la guardo con la bocca sporca di marmellata. Devo dirglielo. Ho bisogno di qualcuno che mi aiuti. Anche se non so chi sia la persona che ho davanti, in questi casi nessuno è meglio della mamma. Allungo un braccio e accendo la radio che sta sul tavolo. «Mamma ti devo dire una cosa: non mi ricordo più niente.» Le racconto di quello che è successo. Del concerto, del pianoforte, del suo messaggio in segreteria e del suo tiramisù. Lei inizia a piangere e senza dire nulla prende una borsa dal mio armadio, ci infila dei vestiti e mi riporta a casa sua.

Mi sento un bambino di cinque anni che ha fatto qualcosa che non doveva. È da quando siamo usciti da casa mia che mia madre mi tiene per mano. Ora siamo a casa sua e mi sta trascinando verso la mia camera. La mia cameretta. È una cameretta di quelle che vendono tutte in blocco. Con tutti i mobili combinati. La stanza ha la moquette con un disegno scozzese. Lettino e scrivania sono un pezzo unico, laccati di bianco: scrivania sotto, letto sopra. Davanti alla scrivania una sedia a forma di topolino. Per salire sul letto ci sono dei gradini che fanno anche da cassettoni, sempre laccati di bianco. Il letto ha delle lenzuola con disegnati dei fumetti. Non posso aver dormito in questo letto. «Sono le tue preferite» mi dice mia mamma, con gli occhi pieni di lacrime. Poi va in un'altra stanza e la sento parlare al telefono con un dottore. Io mi guardo intorno. Non c'è niente che mi sembri mio o che mi ricordi qualcosa. Potrei essere nella stanza di chiunque ma non nella mia. Sulla scrivania un libro: *Buddismo per principianti*. Lo prendo in mano, poi mi volto e vedo mia madre sulla porta: «Oh, no tesoro quello è mio. Sto iniziando un percorso tutto nuovo. Andiamo. Mi ha detto il dottore di portarti al pronto soccorso». Senza dire niente, le do la mano e mi lascio trascinare all'ospedale.

Il dottore che mi visita ha più di sessant'anni. È alto e leggermente gobbo, come se il peso del mondo gravasse sulle sue spalle. Mi fa entrare in una stanza e comincia a farmi domande. Un'infinità. A molte delle domande non so rispondere. Più non so rispondere e più sento salire l'angoscia. Fa lunghi sospiri prima di parlare e dopo che ho parlato. Credo rifletta. E poi l'ultima domanda: «Lei non sta scherzando vero? Se sta scherzando me lo dice subito e facciamo finta che non sia successo niente. Se invece è serio, lei soffre di un'amnesia retrograda globale. Dobbiamo ancora capire perché, ma il suo cervello non riesce a recuperare i ricordi che lei ha immagazzinato durante la sua vita fino a ieri mattina». Mi mettono su una sedia a rotelle. Sento poi il taschino della camicia vibrare all'altezza del cuore. Tiro fuori il telefono dalla tasca. Non rispondo ma leggo il nome sullo schermo: EVA. Mi giro verso mia madre: «Mamma chi è Eva?». Mia mamma con uno sguardo carico di amore e di tenerezza mi dice: «Tesoro mio hai proprio dimenticato tutto. Eva era la moglie di Adamo, quella della mela e del serpente». Passiamo per scantinati, ascensori, corridoi, e senza mai uscire all'esterno arriviamo davanti a una porta a vetri su cui c'è scritto: NEUROPSICHIATRIA. Bene. Ci siamo. Vuoi vedere che sono impazzito e non me ne sono nemmeno accorto?

4

La mia stanza d'ospedale è la 32. Ci sono due letti. Quello vicino alla finestra è occupato da una figura che nel buio sembra essere un uomo piuttosto giovane. Russa da fare schifo. Mia mamma cerca di slacciarmi la camicia: "Mamma ho trentadue anni, so come spogliarmi". Sono due giorni che la conosco e già non la sopporto più. Sempre con gli occhi gonfi di lacrime, tira fuori dalla borsa una scatolina bianca con attaccate delle cuffie. Me la dà dicendomi di ascoltare tanta musica. Che ha letto sul giornale che la musica in questi casi può essere molto "evocativa". La guardo uscire e spengo la luce. Chiudo gli occhi. Li riapro. Il soffitto è attraversato dai coni di luce delle auto che passano di sotto. Li seguo nel loro tragitto fino alla parete. Uno, due, tre... la testa mi si svuota. Finalmente nella stanza è calato il silenzio. Il vicino ha smesso di russare. Mi volto per guardarlo. È sveglio. «Salve» gli dico. Lui mi guarda qualche secondo, poi mi chiede: «Chi sei?». Bella domanda... «Mi chiamo Matteo. E tu?» Lui accende una piccola torcia, prende un quaderno dal comodino, lo apre e legge: «Mi chiamo Alessandro Martelli, ho quarant'anni e sono un avvocato. Sono in ospedale perché ho perso la memoria a breve termine». Spegne la luce. «Buonanotte» gli dico. «Buonanotte» mi risponde. Passano sette secondi e riattacca a russare. Io prendo l'iPod, mi metto le cuffie e piano piano mi addormento.

Sento i rumori dell'ospedale, voci di infermieri o di pazienti, uno stridore dal corridoio, forse le ruote di un carrello per la colazione. Apro gli occhi e vedo due mani che mi sfilano le cuffie dalle orecchie. Cerco di mettere a fuoco, ma la luce è troppo forte. Sento la sua voce dire: «Matteo». È una donna. E mi conosce! Se lei mi conosce devo conoscerla anche io. Per forza. «Chi sei?» le chiedo. «Sono Margherita» mi risponde. Ma certo non potevi essere altro che un fiore. Margherita. Mi prende la mano e me la stringe. Ho un sorriso ebete sulle labbra. Mi piace stare a guardarla. Lei ha gli occhi umidi. Mi chiede cosa ricordo e io le dico che ricordo un concerto per pianoforte, il tiramisù di mia mamma, il mio letto/scrivania laccato bianco, Eva. «Chi è Eva?» mi chiede seria. «La moglie di Adamo.» Mi sorride e inizia a piangere piano. Mi chiede se "di noi" mi ricordo qualcosa. «No Margherita, mi dispiace, chi siamo "noi"?» «Chi eravamo, vuoi dire. Mi hai lasciato una settimana fa.» Poi si alza ed esce di corsa dalla stanza. Il vestitino si gonfia e sfiora lo stipite della porta. Sono paralizzato. Ho lasciato quella donna? Io? Perché? Alessandro, il mio compagno di stanza, scende dal letto e mentre si infila le ciabatte me lo dice: «Tu sei un pazzo».

Con Alessandro non si può diventare amici. Ogni giorno non si ricorda chi è lui, figuriamoci se si ricorda chi sei tu. Però ci facciamo delle passeggiate nei viali fermandoci a chiacchierare sulle panchine.

C'è una colonna di giornali di fronte all'edicola dell'ospedale. Quotidiani. In copertina hanno tutti la stessa foto. Ci sono due palazzi identici, due grattacieli di cristallo che fumano e un aereo che ci vola contro. Prendo una copia del "Corriere della Sera". *Sei anni fa. Quando il mondo è cambiato* dice il titolo. Il mondo è cambiato e io non lo so. Non so cosa fosse prima e non so cosa sia diventato dopo questa foto in cui un aereo vola a bassa quota verso un palazzo di vetro che fuma. Lo realizzo adesso. Non ricordo di me, ma non ricordo nemmeno del mondo. E se non ricordo qualcosa, quella cosa non mi appartiene. Non è roba mia. Eppure ci sono dentro. Ci sono stato per trentadue anni e ci sono adesso. Vorrei capire perché il mondo è cambiato l'11 settembre di sei anni fa. Ma la foto di quei due palazzi mi fa paura. Forse no. Forse invece non lo voglio sapere. Non ancora. Non adesso. Guardo Alessandro seduto di fronte a me e penso che in fondo il nostro è un privilegio. Che forse sapere solo che sono seduto su una panchina con un sole caldo che ti scioglie e l'odore della mensa che ti entra nel naso è meglio. «Meglio così no?» Alessandro mi guarda storto: «Meglio così cosa?» mi chiede. «Non ricordarsi niente.» Lui mi guarda qualche secondo poi mi dice: «Andiamo a mangiare, che è pronto?».

Aldo è un mio amico d'infanzia. O meglio così dice visto che per me è uno sconosciuto. È arrivato con dei pasticcini e un album di foto. Sono le prime foto che vedo. Nelle foto ci sono lui, altri ipotetici amici e io. Sono io. Chiaramente sono io, un po' più giovane, un po' più grasso, un po' più magro, ma sono io, un estraneo. Un estraneo che mi somiglia insieme a estranei che non mi somigliano. E improvvisamente, in mezzo ai volti sconosciuti in una foto di gruppo su una barca a vela, vedo lei. La ragazza del risveglio. Margherita. Chiedo ad Aldo perché l'ho lasciata. «Ma non l'hai lasciata tu, Matteo. Ti ha lasciato lei.» «Ma lei mi ha detto che...» «Ti ha sempre raccontato palle, Matteo. Solo adesso è più facile che tu le creda.»

5

Sono rimasto in ospedale un paio di giorni, mi hanno fatto esami di ogni tipo. Lastre, TAC, analisi del sangue, delle urine, ecografie di ogni genere. Quello che mi è successo non è del tutto chiaro nemmeno al dottor Braschi. Il dottor Braschi è lo stesso medico che mi ha visitato al pronto soccorso. Quello alto con il peso del mondo sulle spalle. Lo stesso che mi ha chiesto se stessi scherzando. Prima di dimettermi ha cercato di spiegarmi cosa mi fosse successo.

«Sì, dunque. Cerchiamo di capire in due parole che cos'è la memoria in modo che sia più facile comprendere cosa ti è successo.»

«Vada dottore.»

«Dunque, la memoria si divide grossomodo in tre componenti. La memoria *fisica*, ovvero il ricordo che il nostro corpo ha di movimenti meccanici sedimentati, tipo camminare, andare in bicicletta, nuotare, tutte cose che infatti tu sai fare senza averle dovute imparare da capo. La memoria *semantica*, che è la consapevolezza del mondo. Tu sai cos'è un paio di scarpe ma non ti ricordi dove le hai comprate, sai cos'è un libro ma non ti ricordi la storia. E infine la memoria *episodica*, che è il ricordo di tutte le esperienze fatte nella nostra vita. Ecco, questa è la memoria che tu hai perso, o meglio non l'hai persa, è che non riesci a farla riaffiorare. Mi spiego, i ricordi sono immagazzinati ma il tuo cervello non riesce a recuperarli.»

«Quindi dottore, da qualche parte della mia testa 'sti ricordi ci sono.»

«Sì.»

«E perché ogni tanto ho qualche flash sul mio passato?»

«Eh, perché un'immagine, un suono, un odore possono alle volte far affiorare immagini, suoni o odori equivalenti provenienti dal passato. Sono processi definiti déjà vu ed è proprio in questi che ripongo tutte le speranze perché tu possa recuperare la memoria.»

«Ci spero anche io dottore. Grazie per la spiegazione.»

Il dottore è stato chiaro. Durante quei pochi giorni in ospedale ho scoperto che non solo casi come il mio sono piuttosto frequenti, ma anche che i problemi legati alla memoria sono moltissimi e diversi tra loro. Alessandro ad esempio, quello che stava con me in ospedale, è un uomo di quarant'anni, ha moglie e due figli e da tre anni il suo cervello stacca la spina ogni giorno. Ogni volta che lui si addormenta dimentica tutto. Diciamo, quindi, che mi è pure andata bene.

Sono fuori dall'ospedale. Mi hanno dimesso. "Non ci sono gli estremi per prolungare il ricovero" mi ha detto il primario. La diagnosi è stata fatta: AMNESIA RETROGRADA GLOBALE. Ora non resta che aspettare un miglioramento. Gli stimoli che possono venire da un ritorno alla vita normale sono sicuramente maggiori rispetto a quelli che possono venire dallo stare sdraiato su un letto d'ospedale.

Fa caldo. Il termometro della banca segna quarantuno gradi. Tutti dicono di non ricordarsi un settembre caldo come questo. Anche io non me lo ricordo un settembre così caldo. Il problema è che io non mi ricordo un settembre in generale. Sto aspettando Eva. La cicciona. Ho provato a dirle che avrei preso un taxi, ma non ha voluto sentire ragioni. Ecco la Smart. Chissà perché si è comprata 'sta macchina.

Voglio dire, peserà centotrenta chili e gira su un metro quadrato di macchina. Sembra una sorpresa in un ovetto Kinder. La sorpresa scende dalla macchina vestita con un altro succinto abitino fiorato e mi stringe nel suo solito umido abbraccio. Solito bacio sulla bocca e via che si va. Destinazione casa mia.

Farsi la doccia è una delle cose più normali del mondo, immagino. Questa è la prima doccia che mi faccio da quando ho perso la memoria... be', è davvero una delle cose per le quali vale la pena vivere. Dev'essere la stessa sensazione che provano i neonati quando gli fanno il primo bagnetto. Chiudo l'acqua per insaponarmi. È incredibile quello che è successo al mio cervello: io so che sotto la doccia a un certo punto devo insaponarmi, ma non riesco a ricordarmi tutte le docce che ho fatto nella mia vita.

Chissà se ero uno che si lavava. Magari ero un puzzone. In fin dei conti mi sono lavato la prima volta perché Eva mi ha detto: «Lavati che puzzi». Ha un buon profumo questo bagnoschiuma. Mi sciacquo sotto il getto caldo. Poi esco, mi asciugo e mi vesto. Ho scoperto di avere una Vespa, stamattina.

«Matteo guarda che la Vespa non può stare in cortile» mi ha detto la portinaia sorridendo. «Ah, è mia?» le ho risposto guardando una Vespa rossa posteggiata. Lei mi ha fissato e le si sono riempiti gli occhi di lacrime. «Dopo la porto fuori» ho detto salutandola. Mi ha guardato salire le scale continuando a piangere. Chissà cosa le ho fatto. Il problema è che non mi ricordo niente.

6

Sono in Vespa che giro per le strade di questa città. Ho scoperto che questo è il mio unico mezzo di trasporto. Non ho una macchina, non ho una bici, ho solo questa Vespa. E vivo in questa città, che è Milano. Mia madre mi ha detto che sono nato in provincia di Novara. In un paesino che si chiama Romentino.

È bellissimo andare in Vespa. Anche questo non me lo ricordavo. Però mi ricordo come si fa ad andarci. So guidare. So come si cambiano le marce. E mi piace. Giro a caso per la città. È bella questa città. Guardandola mi sembra di ricordare qualcosa. È come se sentissi di conoscerla da un sacco di tempo, ma non mi ricordo niente. Mi piace questo vento caldo che mi sbatte sulla faccia. Alzo gli occhi e vedo un'enorme antenna che mi ricorda la Tour Eiffel. Cos'è la Tour Eiffel? Perché me la ricordo? Leggo una scritta sull'antenna. Rai. Provo a dirlo a bassa voce per sentire l'effetto che fa. «Rai.» È un suono che mi è familiare. Senza quasi accorgermene, mi ritrovo sotto l'enorme palazzo da dove l'antenna parte. Lo conosco questo posto. Ne sono sicuro. Spengo la Vespa e salgo le scale che portano alla portineria. Dietro il vetro ci sono due ragazze molto carine che appena mi vedono mi sorridono. «Ehm... sono Matteo Caccia» dico ricambiando il sorriso. «Lo so» mi risponde una delle ragazze. «Quanto tempo...» mi dice l'altra. Poi mi consegnano un pass che capisco serve per entrare. Sono dentro. E ora dove vado?

Sto camminando per i corridoi della Rai. Io questo posto lo conosco. Ne sono sicuro. È come vivere in un costante déjà vu. Spero che mi passi presto. È davvero faticoso vivere così. La cosa buona è che ho sempre cose da fare. E sono sempre cose nuove. Il contatto tra le mie scarpe da tennis e il pavimento in linoleum produce un rumore che mi ricorda... mi ricorda mio padre che sfregava i denti la notte mentre dormiva. "Bruxismo!" Digrignare i denti nel sonno si dice bruxismo! Me lo ricordo. Non riesco a ricordarmi di mio padre, però. Chissà dov'è mio padre. In fin dei conti con mia madre non vive nessuno. Anche in ospedale è venuta solo lei. Forse sono separati. Forse è morto. «Matteo!» mi dice una ragazza coi capelli rossi e gli occhiali. Lei sorride e io ricambio il sorriso. Saluto anche la ragazza che sta con lei. Una specie di nana vestita da punk. «Sei tornato? Stai lavorando a qualcosa di nuovo?» Le rispondo che no, che sono solo venuto a fare un giro. «Noi stiamo andando in mensa. Pranzi con noi?» mi chiede la nana. Effettivamente ho fame. E potrei cercare di capire perché mi conoscono, che cosa facevo qui. Lei è un cesso, ma la rossa non è male. Ci vado. «Volentieri» le rispondo e ci avviamo verso la mensa.

Sono in fila col vassoio in mano. C'è un odore di... è strano, perché è indubbiamente odore di mensa. Un odore cattivo. Però è come se lo riconoscessi come odore familiare. Forse ci ho mangiato un sacco di volte. Forse mangiavo sempre qui. Effettivamente il mio frigo era vuoto quando sono tornato a casa. E anche nei mobiletti della cucina non c'era un granché. Prendo una pasta al ragù, una mozzarella e una Coca-Cola. Pago anche per le due nuove amiche e andiamo a sederci. Mi sembrano molto contente di pranzare con me. E anche io sono simpatico con loro. Chiacchieriamo di tutto un po'. Io cerco di tenere la discussione su argomenti lontani dal lavoro. Parliamo delle vacanze appena passate, di quanto faccia schifo il cibo della mensa, di amore. La nana non parla quasi più. La rossa, invece, tiene banco. In un modo o nell'altro riesco a impostare la discussione su che cosa io facessi qui. La nana lascia per un attimo il suo pollo al curry e comincia a parlare di un programma che conducevo quest'estate. Quindi conducevo un programma. Sono un conduttore. Di lavoro faccio il conduttore. Resta da capire se alla radio o alla televisione. Spero alla radio. L'idea che io sia un presentatore della televisione italiana mi spaventa non poco. Loro devono tornare a lavorare. Tra dieci minuti hanno la diretta. Chiedo se posso andare ad assistere alla trasmissione. Loro si guardano sorridendo e rispondono: «Massì, certo!».

Grazie a Dio ho capito che non lavoro per questa trasmissione. Forse perché non sono abbronzato come loro. Credo di non aver mai visto tante persone con lo stesso intenso colore di abbronzatura in vita mia. Sono arancioni come le pareti dello studio in cui lavorano. Forse anche la rossa lavora qui per lo stesso motivo. Forse assumono solo persone che abbiano almeno una parte del corpo in tinta con le pareti dello studio. Al primo stacco pubblicitario faccio finta di andare in bagno e torno a camminare per i corridoi della Rai.

Il giro in Rai è stato utile. Non solo ho capito che cosa facevo nella vita, ma mi è sembrato di mettere piede negli anni Cinquanta. Il palazzo, l'arredamento, perfino i dipendenti sembrano essere rimasti fermi a cinquant'anni fa. È una gita che consiglio a chiunque se riuscite a passare il vaglio delle signorine dell'ingresso. Il giorno dopo ho acceso il telefono e avevo questo messaggio in segreteria: "Matteo, Renzo. Passa di qua quando puoi. Vorrei fare quattro chiacchiere con te. La tua amnesia può diventare qualcosa. Ancora non so che cosa, ma è da quando sei andato via che continuo a pensarci. Chiamami".

7

Metto insieme i pezzi, ma 'sti pezzi non portano a nulla. Continuo a conoscere dettagli di una persona che non riconosco. La cosa buona è che le persone che mi stanno intorno sembrano brave persone. E se hai attorno persone buone forse vuol dire che anche tu non sei proprio uno stronzo. Finalmente sono a casa.

Sono stanco morto. Lego la Vespa a un palo ed entro nel portone. La portinaia è come al solito nella sua guardiola. Appena mi vede, come al solito, si spaventa. Poi esce come per dirmi qualcosa ma, come al solito, scoppia a piangere. Chissà che cosa le ho fatto? Non ho nessuna voglia di scoprirlo adesso però. Ho troppo sonno. Quindi tiro dritto dicendo: «'Ngiorno!». Salgo le scale pensando a tutto quello che mi sta succedendo. Poi alzo gli occhi e seduta sui gradini davanti alla mia porta vedo Margherita. È bella come l'ultima volta in ospedale. Anzi di più. La vedo e mi sembra che tutto sia semplice. Mi sembra che potrei abbracciarla. Mi sembra che potrei fidarmi del suo sorriso. Lei si alza e mi bacia sulla guancia. Lo fa in fretta e intanto raccoglie due scatole di cartone vuote. Dice che deve riprendersi delle cose che ha lasciato a casa da me. Dice che è difficile, ma che da quando l'ho lasciata non riesce più a pensare di avere qualcosa di suo a casa mia. Ed è solo in quel momento che mi tornano in mente le parole di Aldo in ospedale. "Non l'hai lasciata tu, Matteo. Ti ha lasciato lei."

Margherita riempie rapidamente ma con precisione gli scatoloni. Sa esattamente dove prendere le cose, apre armadi e cassetti con una confidenza che qui, in casa mia, non ho nemmeno io. Io, invece, voglio capire. Voglio sapere cosa è successo. Di chi mi devo fidare? Di lei che sembra un angelo e non può mentire o di Aldo che dovrebbe essere un amico e quindi non avrebbe ragione di mentire? Mi dice che ora le sembro diverso, ma che non se la sente di approfittare della situazione. Mi sta mentendo. Mi sta mentendo e io sento male. Sento male qui nel mezzo, all'altezza dello sterno. Più che male sento freddo. Sento come se fossi diviso in due per il lungo e l'aria mi passasse attraverso le ossa. È la prima volta che sento questo male. E non capisco perché, visto che questa ragazza non la conosco e non posso conoscere il male che mi ha fatto prima. Le chiedo: «Chi sei?». «Sono Margherita» mi risponde fredda come un gelato al limone, «la tua ex fidanzata. Ma ti dimentichi le cose in continuazione?» No, che sei una stronza credo che me lo ricorderò. Questo però l'ho solo pensato.

Fare una doccia è una delle cose più belle del mondo. L'ho scoperto qualche giorno fa, ma ho già capito che non si potrebbe vivere senza la doccia. Ascolto l'acqua tamburellare sulla testa e penso al male che mi ha fatto questa cosa di Margherita. È la prima volta che sto male da quando ho perso la memoria. Penso che forse allora il dolore è lì dentro e viene fuori da solo quando lo chiami. Un po' come la memoria fisica, quella che si mantiene: sali su una bicicletta e pedali, ti siedi a un piano e suoni. Qualcuno ti fa male, tu non lo sai ma soffri.

8

Renzo mi ha dato appuntamento davanti alla Rai alle 6 del mattino. Ci aspettano a Roma per parlare del programma. Non ho esattamente idea di cosa voglia dire "parlare di un programma", ma lascerò parlare gli altri, come al solito. Salgo in macchina e partiamo. Renzo guida piano ma deciso. A Roma ci aspettano per pranzo, sarà una chiacchierata. Sono agitato. Non è per l'incontro, è per Roma. O meglio non è per Roma, è che mi spaventa l'idea di uscire da quel disegno di vie che ho iniziato a conoscere tra casa mia, il parco, la Rai, il panettiere. Cose che ho letto ieri su Roma prima di partire: è al centro dell'Italia. È la città di Totti, della politica, dell'abbacchio e del cinema... E soprattutto Roma è la capitale dell'impero.

"A Roma in questi giorni fa un caldo giamaicano." Lo dice la radio proprio mentre usciamo dal casello Roma Nord. Abbasso il finestrino e sento un odore dolciastro, mi ricorda... la menta. Ce l'avevo tra le dita da piccolo... Déjà vu! Un altro. Un po' inutile questo, ma è sempre qualcosa. Da piccolo un giorno ho tenuto in mano una foglia di menta e ne ricordo l'odore. Deve venire dalle piante sotto cui stiamo passando. «Eucalipti» mi dice Renzo. Parcheggiamo in un posto sotto terra e quando usciamo siamo in campagna. VILLA BORGHESE leggo su un cartello. Sembra un sogno. Siamo in mezzo alla città e ci sono laghi, prati, alberi, gelatai, bambinaie e bambini col gelato. Scendiamo in metropolitana. Sembra un incubo. Aria bollente e puzza di sudore. Il treno è lurido e la gente non ti lascia scendere prima di salire. Spuntiamo in una piccola piazza stracolma di orientali con l'ombrellino. C'è un'atmosfera vaga qui a Roma. È diversa da Milano. Milano sembra andare tutta in una direzione, non so quale, ma va tutta da una parte. Roma invece sembra gironzolare un po', come un bambino che cerca un nascondiglio. Come se tutti si fossero svegliati da poco e mettessero per la prima volta nella giornata il naso fuori casa. Mi piace. Mi sento a mio agio. Mi sembra di poter vagare senza meta e non sentirmi in colpa per questo. Non mi serve avere una memoria qui. La città ha la sua. Ed è sufficiente.

Altro vantaggio da segnarsi se si perde la memoria. Ti rivolgi a tutte le persone semplicemente come persone, nulla di più nulla di meno. Quando ti presentano l'avvocato, il direttore, o il presidente, quelli sono solo uomini o donne. Ti possono piacere o no, stare simpatiche o no. Tutto lì, e la gente ti invidia per questo. Perché non hai "sovrastrutture" dicono. Dicono proprio così, "sovrastrutture".

Mi aspetto di andare in un'altra grande sede Rai, quella di Roma, quella centrale, e invece siamo in un ristorante. Dicono che a Roma usa così. Quando entriamo, sedute intorno al tavolo ci sono già tre persone. Due donne e un uomo. Curatrice, direttore, e capostruttura, non so in che ordine ma poco importa visto che non so nemmeno cosa significhi. Dopo i saluti si ordina da mangiare. Io come al solito a casaccio, perché chennesò di quello che mi piace o no. Poi subito il direttore attacca dicendomi che quella che ho avuto è un'ottima idea, che la suggestione della perdita della memoria apre grandi scenari e ne verrà fuori una bella cosa. Io gli dico che non è stata un'idea e che non è nemmeno una suggestione. Non mi ricordo nulla realmente e per dirla tutta non so nemmeno se mi ricorderò come si fa la radio. Tutti e tre, in coro, mi dicono che è meglio così. Che la radio va fatta in maniera semplice, spontanea, senza troppe "sovrastrutture". Rieccola.

Dicono che il programma è praticamente già in palinsesto. Che sarà una bomba. Vedendo il loro entusiasmo capisco che per me è normale non ricordare nulla, o meglio non sapere nulla e scoprire tutto da capo. Per loro, per tutti quelli che la memoria ce l'hanno, non è così. Mi dicono che ormai si è abituati a tutto, mentre io guardo le cose con il candore di un bambino. Io ho trentatré anni, non mi sento un bambino e nemmeno mi sento candido, mi sento solo un po' perso. Ma in fondo l'idea di tenere un diario mi era già venuta, e se non riesco a recuperare la mia vecchia memoria me ne posso costruire una nuova.

Ho dormito a Roma quella notte. In albergo. Il giorno dopo Renzo si fermava e io ho deciso di prendermi un treno. Ecco, il treno ad esempio. Il treno è un'esperienza piuttosto normale. Non per me. Chi lo sa quale treno ho preso l'ultima volta? Per andare dove? Sono più preoccupato di quello che mi può causare. Tipo: magari mi annoia andare in treno, magari soffro il treno, magari in treno succedono cose che non mi piacciono. Io le cose le posso capire solo facendole.

9

Siamo veramente in tanti. E tutti abbiamo sempre qualcosa da fare. L'uomo per essere qualcosa deve avere qualcosa da fare. Uno scopo. Senza scopo non sei niente. Tutto quello che è stato inventato è stato inventato perché qualcuno, non sapendo cosa fare, ha inventato qualcosa. Poi gli altri usano la sua invenzione per fare qualcosa. Perché senza fare niente non si può stare. Gli animali fanno quello che fanno perché hanno fame. Devono trovare cibo e quindi si danno da fare. Noi no. O almeno, non soltanto. Noi facciamo le cose, perché sennò non esistiamo. Come sono genericamente filosofico, stamattina. Sono alla stazione Termini e sto guardando dei piccioni che piccionano tra la gente, dal finestrino del treno. Torno a Milano. Non che abbia qualcosa da fare. Ma preferisco non fare niente a casa mia. Di girare per una città che non conosco sperando che qualcuno mi riconosca, non mi sembra il caso.

Il treno parte. Ciao ciao Roma. Sarei potuto rimanere qui qualche giorno in più per conoscerti, anzi, per riconoscerti meglio, ma mi sono stufato di riconoscere. Forse dovrei smetterla di ricostruire chi ero. Forse dovrei cominciare a vivere come se nulla fosse successo. «Biglietti, prego» mi dice un signore vestito di blu. «Ah, mi scusi ma... non lo sapevo che servisse un biglietto per prendere il treno.»

Roma al contrario diventa Amor. Eva al contrario diventa Ave. Margherita al contrario resta sempre una stronza. Un treno che va al contrario, invece, non esiste. I treni sono uguali sia davanti sia di dietro. Il treno va sempre in un posto. Non torna mai. Infatti si dice "treno in partenza", mai "treno in ritorno". Sono passati dieci minuti e già non ne posso più. Né di me stesso né di stare su questo treno. Mi annoio. Chissà se mi piaceva viaggiare. Non credo. Viaggiare è andare da un posto a un altro. Non sei niente quando viaggi. Stai solo andando da un posto all'altro. Sento un odore che riconosco. È familiare. Un misto di buono e di rancido. Mi volto e vedo una zingara con due bambini che mangiano due pizzette. Ecco cos'era quest'odore... la pizza! La pizza mi piaceva, credo. Mi è venuta fame. Chiedo alla zingara dove l'hanno comprata, lei mi risponde: «Al vagone ristorante». Ah, c'è anche un vagone ristorante? Be', andiamoci, allora.

A parte il fatto che ho tutta la bocca unta e sporca di pomodoro, ho finalmente trovato il mio cibo preferito. Ne ho comprate quattro di pizzette. Alla terza mi rendo conto che avrei dovuto comprare anche qualcosa da bere. Non riesco quasi a respirare. Sento un tappo all'altezza dello sterno che nel giro di poco si trasforma in un singhiozzo che fa girare tutto il vagone. I bambini della zingara mi guardano con un misto di invidia e compassione. Io gli sorrido singhiozzando. Uno dei due mi chiede l'ultima pizzetta. Io sempre singhiozzando gli rispondo: «No!». «Se dai lui piza, io ti fare passare sighiozo» mi dice la zingara. Mi sembra uno scambio equo e soprattutto sto per morire soffocato. Gli allungo la pizza e lei viene a sedersi accanto a me. Poi mi appoggia una mano all'altezza del diaframma. Sento un calore fortissimo e in dieci secondi smetto di singhiozzare. Le chiedo come abbia fatto. Lei non mi risponde e mi chiede di darle la mano. Non sapendo che fare, le do la mano sinistra. Lei la guarda per qualche secondo e poi mi dice...

10

Fuori il paesaggio corre veloce come il treno sul quale sono seduto. Davanti a me i due bambini si litigano la pizzetta che gli ho regalato. La zingara, intanto, ha la mia mano in mano. La scruta, mi scruta, ogni tanto si gratta la nuca. Mi dice che sono in un momento di transizione. Non usa proprio questo termine, ma il concetto è quello. Mi chiede se è successo qualcosa negli ultimi giorni, io faccio sì con la testa. «Devi tornare a casa. Da tuo padre» mi dice fissandomi negli occhi. Poi inizia a raccontarmi cose sulla mia situazione amorosa, che non so dire se siano vere oppure no.

È inutile farsi leggere la mano se non sai chi eri. Potrebbe dirmi qualunque cosa. Eppoi che cazzo sto facendo? Sono su un treno, con la bocca sporca di pizza, a farmi leggere la mano da una zingara! Le dico che basta. Che va bene così. Lei si alza e torna al suo posto. Io guardo per un po' la Toscana dal finestrino e mi metto a dormire.

Vedo solo una luce bianchissima che mi impedisce quasi di tenere gli occhi aperti. Fortunatamente le mie pupille si stanno abituando. Sono... sono in mare. Ho in mano qualcosa. È un timone. Sono al timone di una barca. Il vento è molto forte e il solo rumore che sento è lo sbattere delle vele gonfiate. Ogni tanto uno schizzo d'acqua salata mi accarezza la faccia. Un gabbiano si posa sul bordo del timone. È a non più di venti centimetri da me. Mi guarda. Non lo avevo mai visto un gabbiano così da vicino. È grosso. Sembra un pollo pettinato. Poi apre la bocca ed esce un suono che sembra quello del mio telefonino. Con una mano cerco le tasche, ma mi accorgo di essere in costume. Da dove viene questo suono? Non può essere il gabbiano. «Signore... signore» sento la voce di qualcuno che mi chiama. «Signore...» Apro gli occhi e mi rendo conto che stavo sognando. C'è una signora davanti a me che mi guarda sorridendo. «Signore, il suo telefono suona da venti minuti» mi dice. La ringrazio e prendo il telefono. Sul display appare la scritta NONNA.

Mia nonna ha una voce gentile. È una voce che ha parlato per decenni, e si sente. Non credo che dalla voce si possa capire com'è una persona, ma si può capire se è abituata a raccontare oppure no, e da quanto tempo lo fa. Mia nonna dev'essere una donna che ama raccontare al punto che negli anni la sua voce si è fatta sottile, sembra carta velina, come se un soffio d'aria le passasse attraverso. La prima cosa che mi ha chiesto è stata se mi ricordavo di lei. Quando le ho detto di no la sua voce si è incrinata, non si è messa a piangere, non ha tirato su col naso o cose del genere, la voce si è solo piegata lievemente da una parte.

Lei è la mamma di mio papà, l'ho scoperto perché gliel'ho chiesto. Vive a Romentino. Non so quanti anni abbia e non so come sia fatta: magra, grassa, alta o schiacciata sotto la gobba, ma ormai gli appuntamenti al buio sono il mio forte, io mi presento e devo solo aspettare e prima o poi qualcuno salta sempre fuori a dirmi «Ciao Matteo». Poche volte da quando ho perso la memoria mi è successo di essere così sicuro su cosa fare. Questa è una di quelle. «Nonna, se sei a casa vengo a trovarti subito. Stasera!» e lei mi ha risposto: «Bel ninìn, certo che sono a casa, dove vuoi che vada?». *Bel ninìn* mi ha chiamato. Non so cosa voglia dire, ma il suono non mi è nuovo.

Ora sì che voglio che 'sto viaggio in treno finisca. Ora ho qualcosa da fare. Ora devo capire cosa vuol dire mia nonna quando mi chiama *ninìn*.

11

Prendo il casco, esco di casa, ma realizzo che non so esattamente dove andare. Mentre esco dal cortile, chiedo alla portinaia se sa dov'è il mio paese. Lei fa appena in tempo a dirmi «vicino a Novara» e poi scoppia a piangere. 'Sta cosa del pianto comincia a inquietarmi. Ogni volta che mi vede. Oh, ma proprio ogni volta. Salgo sulla Vespa, raggiungo il primo semaforo sperando di trovare delle indicazioni. Un cartello dice: AUTOSTRADE, NOVARA, VERCELLI. Perfetto. Lo seguo.

Se non lo sai pensi che Milano sia immersa in un lago di cemento. Invece fai cinque minuti di strada e c'è la campagna. Piatta, coltivata e ipersfruttata, ma sempre campagna. La strada che porta a Novara è una statale. I paesoni sparsi lungo la strada hanno tutti la stessa struttura: centro commerciale, rotonda, parcheggio, campanile, rotonda, banca, campo sportivo, rotonda e centro commerciale. Tutt'intorno ci sono campi coltivati a riso e granoturco. Dopo un'ora finalmente trovo un cartello che dice: ROMENTINO, COMUNE DENUCLEARIZZATO. GEMELLATO CON SAINT MARCEL, ROSETO CAPO SPULICO, ALBEROBELLO. Chissà cosa vorrà dire: "gemellato con". Le strade sono ordinate e le case funzionali. Due piani più il piano terra, collinetta, giardinetto, garage, recinzione e nani da giardino. In mezzo alla piazza centrale il monumento. Mi avvicino senza scendere dalla Vespa e guardo la statua. Non sembra un santo patrono, tanto meno un combattente caduto per la libertà. È un insetto. È una gigantesca zanzara. Guardo un signore anziano seduto sotto il monumento. Mi ci avvicino e gli chiedo il perché di questo monumento. Lui mi guarda e mi dice che serve a ricordartelo. «Che cosa?» gli rispondo. «Di accendere gli zampironi» mi dice ridendo. Poi gli chiedo se sa dove abita la signora Caccia. Lui mi indica una casa lì di fronte. È una casa bianca con due balconi.

In casa c'è un odore fortissimo. Non so cosa sia, ma sa d'estate. Anche se non so cosa voglia dire "sapere d'estate". Quando arriva mia nonna con una spirale verde in mano, capisco che l'odore viene da lì. Mi viene incontro. Mi abbraccia. Poi mi porta in cucina. La tavola è apparecchiata per una persona sola, che capisco essere io. Mentre mi serve tonnellate di cibo, capisco che questa donna non solo conosce me, ma conosce le persone da cui arrivo e i posti da cui arrivano queste persone. È forse il tesoro di memoria più prezioso che possa avere. Ho bisogno di lei.

Quella sera abbiamo fatto tardi. Mia nonna mi ha portato in una stanza che era la stanza dove stavo sempre quando dormivo da lei. Gli zampironi continuano a bruciare e le zanzare continuano a ronzare. Forse aspettano che la spirale finisca per poter cenare anche loro. Mi metto nel letto e guardo mia nonna, con i suoi capelli azzurri, che mi guarda come fossi la cosa più preziosa che c'è. E io ancora devo farle una domanda, la domanda per cui sono tornato a casa, al paese. E allora gliela faccio dal letto, mentre lei sta uscendo zoppicando dalla stanza. «Nonna, ma il papà? Dov'è?» Lei si gira, mi sorride e poi mi risponde. «Domani lo andiamo a trovare.»

12

Mio papà è mancato nel 1985. Io avevo dieci anni, lui quaranta. Non ricordo niente di lui, ma pare che mi ricordassi poco anche prima dell'amnesia. Mia nonna mi ha fatto vedere qualche foto, per lo più di famiglia, per lo più su una spiaggia o attorno a una tavola natalizia. La zingara sul treno mi ha detto di cercare mio padre. Che lui ha la risposta. La risposta a cosa? E poi che risposta mi può dare visto che è sottoterra da vent'anni?

Il cimitero di Romentino è appena fuori dal paese, circondato da campi che in realtà ho scoperto essere risaie. Ecco perché tutte 'ste zanzare! Giro per i vialetti di ghiaia cercando il mio cognome, e scopro che, insieme a Porzio e Belletti, Caccia è uno di quelli che va per la maggiore qui in paese. Leggo i nomi e le date sulle tombe.

Ci sono nomi che oggi non si usano più: Ernesto, Amerigo, Virginia, Irma. I fiori sono flosci per il caldo e quelli che non sono flosci, sono sbiaditi perché di plastica. Due o tre signore chiacchierano tra loro mentre riempiono i vasi alla fontanella. Una di loro mi saluta e io rispondo. Alzo gli occhi e sopra una cappelletta leggo FAMIGLIA CACCIA.

Le cappelle sono tutte in fila e molto simili tra loro. Quella della mia famiglia ha il marmo scuro a terra e sulle pareti. C'è una fila di ceri spenti e consumati, dei fiori secchi, che alla fine sono la soluzione migliore secondo me. Durano tanto e sono veri. Sulla parete una fila di foto, nomi e date. Prima di leggerne il nome, di mio padre vedo la foto. È diversa dalle altre. Perché è a colori e non in bianco e nero, ma soprattutto perché è l'unica di tutte quelle che ho visto qui in cui la persona fotografata guarda chi lo guarda, o meglio, guarda l'obiettivo. Sorride. Ha i capelli con la riga a sinistra, il naso adunco e gli occhi chiari. Mi spiace. Mi spiace non averlo conosciuto. Mi spiace non capire il motivo di quel sorriso. E mi spiace anche non sapere perché non è più qui.

Una voce alle mie spalle mi dice: «Matteo, come stai?». È la signora che mi ha salutato prima. Nonostante il caldo ha un cappotto scuro che sembra pesantissimo. Deve avere all'incirca settant'anni. In questo momento non ho molta voglia di fare la pantomima di sempre e glielo dico: «Signora mi dispiace ma non mi ricordo di lei». Lei mi sorride serafica e mi dice che lo sa. Come fa a saperlo? Non me l'aspettavo. L'accompagno a fare il giro delle tombe dove annaffia tutti i fiori che hanno sete. Dopo poco scopro che è la mia maestra delle elementari. Parliamo del paese, della gente che ci vive e di quella che non ci vive più. Dice che sin da piccolo volevo andare via, che volevo andare in una città. Volevo andare a New York, poi mi sono accontentato di Milano. Anche lei è andata via, mi dice. Ha insegnato fuori, a Roma prima e in Svizzera poi. Odiava il paese.

«Sai com'è» mi dice, «ho una figlia ma non ho un marito, andavo in giro con una decappottabile rossa e il paese vuole cose piccole e chiare. Sicure.» Le chiedo perché c'è tornata poi in "paese". Mi risponde che il paese è il posto giusto da cui scappare, per poi poterci tornare. Che questa è una cosa che chi è nato in città non conosce. Ma se devi cercare qualcosa, è meglio cercarla qui.

Ho salutato la mia maestra, e sono salito in Vespa. Il ritorno è stato più facile. È bastato seguire le indicazioni MILANO.

Suona il telefono. Eva.
«Tesoro dove sei?»
«Sono a Romentino.»
«Mmh... ritorno alle origini eh?»
«Ogni tanto ci vuole. Senti, sto tornando a Milano. Ti va se ci vediamo?»
«Mi inviti a cena?»
«Ehm... sì. Non so cucinare, però sì.»
«Non ti preoccupare, porto io la cena. Ah, ti porto anche un DVD col tuo film preferito. Che magari ti ricorda qualcosa.»
«Ah sì? E che film è?»
«Sorpresa!!!»
«Va be'... alle nove?»
«Alle nove. Lavati, mi raccomando.»
«Ciao.»

13

Eva ha portato il sushi e un DVD. Se prima dell'amnesia mi piacesse o no, questo non me lo ricordo. Devo dire che a vederlo lì, dentro quella vaschetta, non fa venire proprio voglia di assaggiarlo. Quelli che mi fanno più impressione sono quelli stronzetti di riso avvolti in una roba nera. Eva mi dice che è un'alga. Io faccio sì con la testa e ne prendo uno. Lo assaggio... non saprei dire se è buono o no. Non sa di niente.

«Devi metterci la soia» mi dice Eva, che nel frattempo ne ha già mangiati dodici. «Senti, ti offendi se mi scaldo una pizzetta?» le chiedo pieno di compassione. Lei, con la bocca piena, fa no con la testa. Mentre metto la pizzetta nel microonde, mi chiede se mi va di vedere un film. "Eh, già" penso. Da quando ho perso la memoria non ho mai visto un film. Però mi ricordo che cosa sono, i film. Il microonde fa *ding!* Prendo la pizzetta e mi butto sul divano con Eva.

La vita è meravigliosa sembra un film di Natale, perché scende la neve e le case sono addobbate con luci e alberi natalizi. Ma è qualcosa di più o di meno di un film di Natale, o comunque qualcosa di diverso. Il bello del film è che tutto è troppo. È troppo enfatico il modo in cui parlano i personaggi, è troppa la bontà del protagonista, è troppa la sofferenza che prova. E poi è troppa la felicità. Perfino l'angelo custode mandato dal cielo è troppo imbranato per credergli. Eppure tutto questo eccesso ti intenerisce e ti circuisce. Ti fa sentire uno che la sa lunga. Uno che ha capito come vanno le cose e che non ci cascherebbe mai negli errori di James Stewart. Ti cucina a fuoco lento, e poi quando sei cotto a puntino ti infila uno stiletto in mezzo alle scapole. E ti lascia lì a piangere come uno stupido. James Stewart è un costruttore edile buono, anche se sembra impossibile, mi rendo conto. Costruisce case a prezzi bassi per i poveri. Non fa altro che rinunciare a sé per il bene degli altri, e quando finalmente è lui ad avere bisogno, il bene che ha fatto gli torna indietro come un regalo. *La vita è meravigliosa* parla d'amore. Parla di riconoscenza. Parla di ideali.

Ma soprattutto parla di pieni e di vuoti e forse è per questo che mi piace probabilmente più ora che prima che perdessi la memoria.

George: "Sarebbe stato meglio se non fossi nato".

Angelo: "Che cosa dici?".

George: "Ho detto che vorrei non esser nato".

Angelo: "Ti è stato fatto un gran regalo, vedere come sarebbe stata la vita qui senza di te. La vita di un uomo è legata a tante altre vite e quando quest'uomo non esiste lascia un vuoto".

Eva si alza e mi chiede se può leggere la posta. Le dico di sì senza capire di cosa stia parlando. Sulla televisione scorrono ancora i titoli di coda. «Dove hai il computer?» mi chiede Eva. La guardo ma non so cosa risponderle. Quale computer? Lei si alza e va alla scrivania. «Eccolo qui» dice. E dalla borsa prende un computer portatile minuscolo e grigio. Lo apre, lo accende. Il computer fa un rumore strano come di sorpresa. Eva struscia un po' con il mouse e la tastiera. Ho un computer! Effettivamente sarebbe stato strano il contrario. Non ci ho nemmeno pensato. Ho cercato un diario, delle foto, ma non ho nemmeno pensato al computer. Mi sento la testa bollente. Guardo quel guscio argentato aperto con lo schermo illuminato. Quanto di me ci deve essere lì dentro? Voglio rimanere solo con quel computer. Mi invento un mal di testa. Lei raccatta i pezzi, mi bacia ed esce.

Mi siedo al computer. Tutto lo schermo è occupato da una foto di me e Margherita. È una di quelle foto fatte da sé, tenendo il braccio lungo di fronte ai visi. Io sono sorridente, Margherita sbuffa. Ai bordi della foto dei piccoli disegni di cartelle con diversi nomi: RADIO, COMMERCIALISTA, TEATRO, FILM SCARICATI, POESIE... Oddio scrivevo poesie? Clicco su POSTA. Esce una finestra dove inserire delle parole: USERNAME e PASSWORD. Il campo username è già pieno: CACCIA. Quello della password è vuoto. Ovvio. Ci vuole una password. Che cazzo di password posso avere per la mia posta...? Provo la più banale: Margherita... niente. Data di nascita... niente. Chiudo gli occhi e lascio scorrere le dita sui tasti. Sei lettere, le dita vanno da sole, premo invio. Sullo schermo si apre una finestra: "Hai ricevuto trentasette nuovi messaggi". Ribatto i tasti della password per scoprirla. USERNAME: CACCIA, PASSWORD: E PESCA. Ero veramente un cretino!

Non cancellavo i messaggi, questo è chiaro visto che ho 2778 mail. La prima risale al 4 marzo del 2005, forse il computer l'ho comprato in quei giorni, deve avere almeno tre anni. L'ultima mail invece è di ieri. Non so da quale partire. Forse dovrei partire dalla prima. Invece parto dall'ultima. È una di quelle mail con destinatari multipli. Un gruppo di persone di cui evidentemente faccio parte. L'oggetto è "Foto uscita in barca". Ci sono una decina di foto. Persone che non conosco. Tutte sempre sorridenti. Tutte su una grossa barca a vela bianca con una striscia blu sul fianco. In tutte le foto il tempo è brutto, in un paio piove. La barca ha una grande vela, anzi due. Mi cerco nelle foto. In una sto mangiando un pezzo di pizza... anche lo stomaco deve avere una memoria allora. Nell'altra invece sto tenendo in mano il timone della barca, mentre con aria seriosa indico qualcosa a destra dell'obiettivo.

14

Sono rimasto sveglio fino alle sette del mattino a leggere mail, guardare foto e video e a frugare tra le cartelle del mio computer. Ora ho le idee talmente confuse e mi sento come dopo la prima lezione di uno sport nuovo in cui ti danno nomi e indicazioni tutti insieme, tutti in una volta, e a te sembrava di avere le idee molto più chiare prima della lezione.

Ora sono le undici meno un quarto e fuori piove che non avevo mai visto piovere così. Guardo cadere l'acqua sulle piante rinsecchite del mio terrazzo. Cazzo, è vero: le piante bisogna bagnarle. Me lo dimentico sempre. Fantastico! Mi sono appena ricordato che ci sono cose che mi dimentico sempre. Speriamo sia un buon segno. Ho fame. E forse è meglio che la finisca di mangiare solo pizzette. Mi volto e guardo la mia cucina. Non l'ho mai usata da quando ho perso la memoria. Chissà se sapevo cucinare. Sicuramente sì. Vivevo da solo. Non credo che andassi a mangiare fuori tutti i giorni. Tipo una pasta. Ecco di cosa avrei voglia. Di una pasta al sugo. Ho due problemi:

1) Non so se so cucinare.

2) Non so se c'è il sugo.

La pasta c'è. Questo è già qualcosa. Pennette integrali, per la precisione. La marca non la dico perché non sono qui a far la pubblicità ai prodotti. Dunque: che ci voglia una pentola non c'è dubbio. Che dentro la pentola ci vada dell'acqua, mi sembra logico. E che per fare la pasta ci voglia il fuoco, viene da sé.

Mi ricordo tutto. Le mani vanno da sole come se avessero un cervello proprio. Sembro Ratatouille. Il topo cuoco. Mi ricordo anche di *Ratatouille*. Bellissimo film. È la prima volta da quando ho perso la memoria che sto bene. Sto veramente bene. Sono contento. Sono contento che tutto stia ricominciando da capo. Sono contento che la mia testa ricominci a funzionare. Sono contento che tutto quello che ero prima non mi manchi per niente. Eppoi sono contento che tra un po' mi mangerò questa pasta che mi sono cucinato io. Anche se mi sono dimenticato di preparare il sugo. Forse me lo sono dimenticato perché non mi piace il sugo. Me la faccio olio e parmigiano. Alla fine le cose semplici sono sempre le più buone. Spero.

Le cose semplici saranno anche le più buone, però 'sta pasta fa veramente schifo. Mi sono dimenticato il sale. Ecco cos'è. Un'altra cosa che mi dimenticavo sempre: il sale nell'acqua della pasta. Comunque me la mangio.

Mi guardo intorno e vedo la mia casa. È come se la vedessi per la prima volta. La sensazione è simile a quella che si ha quando torni da un viaggio. E casa tua non ti sembra più casa tua. Hai sempre bisogno di un paio di giorni per abituarti.

Devo trovarmi qualcosa da fare. Assolutamente. Lo so che ho tutte le giustificazioni del mondo, ma è un mese che non faccio niente. Mi sveglio la mattina e non faccio altro che cercare di capire chi ero. Devo trovare qualcosa che mi tenga impegnati la mente e il corpo per almeno otto ore al giorno. Forse dovrei stendere una lista di cose da fare. O forse dovrei semplicemente trovarmi un lavoro. Un lavoro qualsiasi. Non che abbia molta voglia di andare a lavorare, ma credo che cercarmi un lavoro sia una buona idea. Magari non il cuoco, perché 'sta pasta fa veramente schifo.

Bene. Almeno domani mattina mi sveglio con uno scopo. Che non è poco. Ho anche fatto la rima. Sono nel mio letto e fuori continua a piovere. E sto davvero bene sotto questa copertina. Speriamo che domani smetta. Il mondo col sole è meglio che con la pioggia. Anche se la pioggia ci vuole, ogni tanto. Altrimenti sarebbe tutto secco come le mie piante sul terrazzo. Non c'ho capito molto di quello che mi è successo nell'ultimo mese. Di sicuro però, senza l'acqua sarebbe un casino.

15

Tutte le volte che sento parlare di Milano da quando ho perso la memoria ne sento sempre dire male. A me invece Milano piace proprio. È autunno inoltrato e l'aria è tiepida. Non ho preso la Vespa. Cammino. Sono su una strada che dalla periferia va verso il centro. I tram sembrano delle navette spaziali, o quello che credo siano delle navette spaziali. Le persone per strada si raggruppano in maniera diversa in base all'età, all'abbigliamento e al colore della pelle. I più giovani sono seduti sul marciapiede e ridono facendo suoni gutturali. Gli anziani stanno soli alle fermate dell'autobus guardando un punto davanti a loro, i cinesi sono in coppia e confabulano quasi sotto voce. Quelli che mi incuriosiscono di più sono gli africani. Agitano le mani come se il movimento partisse dalla spalla e arrivasse fino alle mani come un'onda. Salgo su un ponte in ferro che attraversa un canale. Mi appoggio al parapetto e osservo le alghe ondeggiare nell'acqua. Cerco di concentrarmi sull'acqua che scorre. Le alghe. L'acqua, il gesticolare degli africani... è come se stessi per modulare un pensiero estremamente filosofico e profondo ma non mi viene in mente niente. Guardo l'alga, guardo l'acqua, penso al tempo che passa, all'alga che si modula al flusso della corrente, all'Africa... niente. Mi sa che non sono per niente poetico, devo essere veramente arido. Alzo gli occhi e vedo un bambino che lecca un gelato enorme. Sarà l'alga, la corrente o l'Africa ma mi è venuta voglia di mangiarmi un bel gelato.

Possibile che né mia madre né mia nonna, insomma nessuno, mi abbia detto che mi piaceva il gelato? Ho cominciato a leccarlo mentre stavo ancora passeggiando e mi sono dovuto sedere. È la cosa più fredda e più buona che abbia mai avuto in bocca. È stato difficile solo scegliere i gusti. Ce n'erano più di venti. Ho deciso in base al colore: bianco, rosa e marrone, crema, fragola e cioccolato. La mia lingua è impazzita, sto portando via blocchi interi di gelato dal cono cercando di mischiarli tutti e tre insieme. Crema, fragola e cioccolato: il mix perfetto.

Improvvisamente sento un dolore lancinante all'occhio destro, come se una lama mi perforasse dall'interno. Spero non sia un altro shock, un'altra amnesia, mi premo la mano sulla fronte e dopo qualche secondo passa. Ora mi sento benissimo, la testa è leggera, mi viene da ridere, com'è bello stare bene dopo che si è stati male, ti accorgi che stare bene è proprio bello. Il gelato mi cola sulle mani e anche le mie mani diventano dolcissime da mangiare.

Sarà che è passato il dolore all'occhio, sarà che ho già deciso di comprarmene un altro, ma sto sorridendo. Ho gelato sulle mani, sulla barba e sulla fronte visto che mi ero tamponato il dolore alla testa, e devo essere uno spettacolo orribile perché una bambina che passa sul marciapiede scoppia a piangere, e sento la mamma che le dice: «Ma no amore, tranquilla, il signore non ti fa niente». Alzo gli occhi cercando qualcosa per pulirmi e trovo un ristorante, entro e mentre sto per chiedere se posso usare il bagno vedo il cartello sul bancone: CERCASI CAMERIERE.

Okay, sto mentendo, ho detto che in passato ho già fatto il cameriere. O meglio non sto mentendo, diciamo che non ne sono proprio sicuro. Magari il cameriere l'ho fatto da ragazzo, chennesòio. Alla fine 'st'amnesia è un bell'alibi. E poi mica ci vorrà una laurea per servire ai tavoli! Il ristorante è una pizzeria napoletana. Si chiama Marechiaro. Ha una decina di tavoli. Per terra c'è uno strato di finto parquet e alle pareti delle plafoniere a forma di conchiglia che danno la nausea. All'inizio porterò solo i piatti ai tavoli e se divento bravo dice che mi farà prendere anche le ordinazioni. Wow! Non vedo l'ora! Sono contento. Ho bisogno di vedere che effetto mi fa un lavoro vero. Orari, routine, impegnare testa e mani. E soprattutto l'assegno alla fine del mese. «Il lavoro nobilita l'uomo» mi dice Claudio, il proprietario del ristorante. Prima di darmi appuntamento a domani. Non ho un contratto, non ho una divisa, ma ho un lavoro. Guardo le persone per strada come se avessi più diritto di stare nella stessa città in cui stanno loro. Mi sento meno un intruso di prima. Ho un lavoro e quindi ho un posto in cui stare. Una delle prime domande che mi fanno quelli che non sanno della mia amnesia è sempre: "... e che lavoro fai?". "Faccio il cameriere" questo sì che suona. Mi chiamo Matteo Caccia, ho un lavoro e faccio il cameriere.

16

Sto uscendo per andare al lavoro. Lo penso e suona bene. Provo a dirlo ad alta voce come se lo comunicassi a qualcuno: «Io esco! Vado al lavoro». È veramente una figata. Avere un lavoro, dico. È come se avessi più importanza ora. Ora posso dire frasi che sento spesso tipo: "Scusa, ma adesso non ho tempo", "ti saluto che devo lavorare". Non so esattamente da quale angolo del mio passato arrivi, ma il lavoro è qualcosa che istintivamente associo a un'esperienza quotidiana, faticosa e noiosa e a me adesso sembra la cosa più stimolante che ci sia. In Vespa sono esattamente cinque minuti da casa mia alla pizzeria. La gente per strada torna dall'ufficio. Loro hanno finito, io comincio. Tutti quanti hanno lavori diversi, ma tutti lo chiamano lavoro. È una delle poche cose che accomuna le persone: gli orari, le ferie, la routine e la voglia di romperla. Tutti parlano male del lavoro, ma nessuno potrebbe farne a meno. E invece ora che sono davanti all'insegna MARECHIARO, PIZZERIA CON FORNO A LEGNA io mi sento il presidente della Repubblica: "Scusatemi ma ho un sacco di cose da fare io, ho un lavoro".

Devo scrivere le ordinazioni più in fretta. Ci impiego venti secondi per scrivere "Una margherita e una birra". Claudio mi dice di annotare solo le sigle, che la M sta per margherita e la B per birra, ma è più forte di me. Se scrivo la prima lettera le altre la seguono. E così quando arrivo all'ultima lettera mi hanno già chiesto una capricciosa, una napoli e due rustiche e mi tocca chiedere di ripetere. Ma poi che nomi danno a 'ste pizze? Passi pure per la "cannavaro", e la "testata di zidane", ma la "fulmine dall'inferno" con il peperoncino fresco e la "papa wojtyla" con la ricotta mi sembrano un po' troppo. Però fare il cameriere non è niente male.

Gli altri camerieri, anzi "i miei colleghi", entrano ed escono dalla sala di corsa e quindi lo faccio anch'io. Non ricordo più come sia entrare in scena su un palco, ma la sensazione credo sia molto simile. La gente ai tavoli mi osserva nella speranza che le pizze che porto siano le loro. Io li illudo sempre andando verso il loro tavolo e poi scarto da una parte.

La cosa che odio è quando protestano per un ingrediente in più o in meno: "L'avevo chiesta senza rucola", "La mia è con il pomodoro fresco ma senza basilico". Devo fare una pausa, dico che esco a fumare una sigaretta anche se non fumo. Tiro il fiato nella speranza che manchi poco alla fine della serata. Guardo l'orologio e sono solo le nove e mezzo! Ho davanti come minimo altre quattro ore di lavoro! Forse mi do malato.

Sono le tre del mattino. Ho la schiena a pezzi, i polpacci gonfi e la testa che mi scoppia. È stata la serata più lunga che mi ricordi. Da quando ho perso la memoria avevo poche certezze e una di queste era che mi piaceva la pizza. Dopo averne consegnate un centinaio con peperoni, rucola, grana e zola, zucchine, patate, melanzane e salame piccante non ne voglio più vedere neanche una.

Milano è deserta e la poca gente in giro sta mangiando qualcosa. Pizze, kebab, piadine. Stanno davvero mangiando o sono io che vedo tutti con del cibo in bocca? Apro la porta di casa, non accendo la luce e mi butto sul mio divano bianco. Mi piace stare al buio con le tapparelle delle finestre tirate su e la luce della città che entra in casa. Quindi questo è il lavoro. Ripetizione, fatica e un po' di noia. Bella merda! E domani ancora? Ma come fanno le persone a lavorare tutti i giorni senza lamentarsi? Devo assolutamente trovare un modo per non lavorare. Devo scoprire come fare soldi senza fare fatica. Domani prima di andare in pizzeria prendo un giornale d'inserzioni gratuite. Oggi attaccato a un semaforo ho visto un annuncio che diceva: VUOI GUADAGNARE GRAZIE A INTERNET? Ci sarà un metodo, no?

Suona il telefono.

«Pronto?»

«Matteo hai dimenticato la mancia.»

«Cosa?»

«La mancia. Matteo? Ma che ti sei già rincoglionito?»

«E chi l'ha lasciata?»

«E chi l'ha lasciata... mia nonna! I clienti, Matteo, i clienti per te!»

«E perché?»

«Perché sei stato bravo! Matté li vuoi 'sti soldi o no?»

«Sì... sì certo che li voglio.»

«E allora te li lascio qui in cassa. Ci vediamo domani. Bravo! Per essere la tua prima serata ti sei comportato bene.»

Riconoscimento. Ecco cos'è che mi fa sentire più leggero e meno stanco. È bastato un piccolo riconoscimento e un complimento, che non vedo l'ora che sia domani per tornare in pizzeria e fare meglio, non per i soldi eh! per una questione di professionalità. Perché è il mio lavoro e lo so fare bene!

17

Aprire gli occhi la mattina credo sia una delle cose più belle del mondo. Quel momento in cui ti sei appena svegliato e ancora non sai chi sei. Dura pochissimo. È proprio un istante. L'istante in cui apri gli occhi e non sai se sei un gatto, un topo o un elefante... non manca più nessuno, solo non si vedono i due leocorni. Che canzone era!? Me la ricordo. Boh. Stamattina non ho voglia di sforzarmi per ricordare cose. Sono stanco morto. Mi sento come se avessi camminato per tutta la notte. Che poi è così. Di fatto fare il cameriere significa camminare per otto ore. Chissà quanti chilometri farà uno che fa il cameriere per tutta la vita. Secondo me tantissimi. Be', comunque, basta con 'sti pensieri da pirla. Guardo la sveglia: le dodici e un quarto. Minchia che dormita! Mi sa che non avevo mai dormito così tanto da quando ho avuto l'amnesia. Provo ad alzarmi in piedi. Provo a fare due passi. Credevo peggio. Mi sembra di camminare con le gambe di un altro, però non fa malissimo. Apro le persiane e guardo il cielo che è grigio come i palazzi di questa città. Vado in cucina, prendo la teiera, la riempio d'acqua e la metto sul fuoco. L'ho fatto senza pensarci! È vero. È la prima volta che faccio colazione a casa. Quindi bevevo il tè. Ma pensa. Avrei detto caffè. Apro il frigo sperando di trovarci qualcosa ma, come al solito, sembra un dente cariato. Devo fare la spesa, uno di questi giorni. Per il momento accendo la radio e aspetto che l'acqua bolla.

Meno male che nella scatola dei biscotti c'era ancora qualche biscotto. Sono un po' possi, però si possono mangiare. È bello fare colazione a casa. Poter stare in boxer e maglietta a bere tè pucciando biscotti, devo dire che è una delle cose per le quali vale la pena vivere. Forse ho esagerato. Diciamo che è una bella cosa e basta.

Sono seduto al tavolo della mia cucina. Guardandola non la si potrebbe definire "ordinata". Anzi, è proprio un cesso. Mi guardo in giro e mi rendo conto che anche il resto della casa è in condizioni pietose. Calzini croccanti ricoprono il pavimento colmo di gomitoli di polvere. I vetri delle finestre sembrano i vetri del mio box doccia che proprio pulito non è. Il bagno sembra il bagno dell'intercity Milano-Catanzaro, a Catanzaro. Quando aprendo il mobiletto del bagno un ragno mi dice: "Ciao, io sono Renato" capisco che forse dovrei fare le pulizie. Però oggi non ne ho voglia. Sono troppo stanco. Eppoi stasera devo tornare in quella cazzo di pizzeria.

Se questa è la vita di una persona normale, la vedo veramente dura. Torno in cucina a finire il mio tè. Alzo gli occhi e vedo la televisione. Non l'ho mai accesa da quando ho perso la memoria. Ho visto un film con Eva l'altra sera, ma non l'ho mai accesa per vedere "la televisione". Mi alzo, spengo la radio e schiaccio il pulsante on della TV.

Sono venticinque minuti che non riesco a staccare gli occhi dallo schermo. Ho scoperto anche il telecomando, nel frattempo. Lo avrà inventato un genio. Forse dovrei inventare qualcosa anch'io. Poi la brevetto e vivo di quello. Che ideona... Mentre faccio questi alti pensieri, guardo il telegiornale. Un signore abbronzato con i capelli neri mi racconta cosa è successo oggi nel mondo.

Sul fatto che sia utile, mi sembra non ci siano dubbi. L'informazione, dico. Quello che mi fa pensare, però, è il perché tutti siamo interessati a quello che ci dice. Voglio dire: perché mi interessa sapere che a una signora di Benevento hanno rapito la figlia, l'hanno violentata in cinque dentro una roulotte abbandonata, e poi l'hanno bruciata?

Provo a pensarci per un po', ma non mi viene in mente niente. Guardo fuori dalla finestra. Ha smesso di piovere e il sole comincia ad asciugare le pozzanghere. Esco sul terrazzo e vedo che le piante non sono più secche. Avevano sete e nessuno le sentiva. Dentro un vaso due lombrichi litigano in silenzio. Sotto il vaso un gruppetto di formiche decide sul da farsi. Fa più freddo e credo sia arrivato il momento di dare un senso a questa giornata. Comincerei con una doccia.

18

Guardo fuori dalla finestra e nel cortile c'è qualcosa di strano. La rastrelliera per biciclette è occupata da una decina di bici e le due moto che di solito ci sono solo di notte sono parcheggiate vicino alla mia. Cos'è, sono tutti a casa oggi? Ma certo che sono tutti a casa. Oggi è domenica. È strano come il panorama, l'atmosfera cambi nei giorni di festa. Era una cosa di cui non mi ero accorto prima di avere un lavoro. Dal lunedì al venerdì la città ha una sua forma e una sua consistenza, mentre il sabato e soprattutto la domenica la gente ha un altro passo, un altro sguardo, forse solo gli animali e i bambini non se ne accorgono e continuano a vivere la giornata dall'alba al tramonto. La pizzeria è chiusa. È festa, ed è la mia prima vera giornata di festa dal momento che se non hai un lavoro non puoi nemmeno dire di fare festa. È domenica, è mattina e io ho tutta una giornata libera davanti. Wow. E ora che faccio?

Sarà che la sera in pizzeria ceno molto tardi o molto presto o non ceno proprio, ma oggi ho una fame che mi mangerei una coscia di Eva. Nel frigo ci ho trovato una confezione di carne in scatola, un tubetto di pasta di acciughe Balena e un pezzo di formaggio in putrefazione, che non so dove fosse ma in qualche angolo doveva essere, visto che l'odore era cadaverico. Così ho trovato anche cosa fare in questa domenica. La spesa.

Sono al supermercato da un'ora e sono a dir poco frastornato. L'unico aperto vicino a casa mia nei giorni di festa è un megastore grande quanto un traghetto, che non ricordo quanto grande sia ma sarà per forza gigantesco! La luce è fortissima e la gente si sente a proprio agio visto che gira lentamente tra gli scaffali con i bambini seduti sul carrello. Famiglie. Coppie giovani e anziane, uomini soli, donne sole, bianchi, neri, gialli. Tutti sono al supermercato. Ma proprio tutti! E mi sembra che si divertano. Pure io mi diverto se non fosse che c'è troppa roba, troppa luce e troppa gente. In più mi sa che ho fatto un errore enorme. Ho lo stomaco vuoto e mi mangerei tutto, quindi compro tutto. Il mio carrello sembra la slitta di Babbo Natale senza le renne.

La gente mi guarda strano. Mi preparo a pagare, la cassiera è una ragazza vestita come una Spice Girl. Strano, non ricordo più cosa cantavano ma le Spice Girls me le ricordo: tutte uguali tra loro ma bionde, rosse, bianche e nere. Ha i jeans stretti, delle scarpe a punta col tacco e una canotta con la scritta DON'T TOUCH proprio sulle tette. Ma non è una ragazza, avrà cinquant'anni ed è vestita come una diciassettenne. Alzo gli occhi e la moglie del signore dietro a me avrà sessant'anni ma è vestita come Britney Spears... cos'è il supermercato delle vecchie teenager? E come una punizione per la mia cattiveria arriva il conto della cassiera: «Sono 340 euro e 65 centesimi, ha la carta fedeltà?».

Ho impiegato mezz'ora a sistemare la spesa. Ho buttato via un sacco dell'immondizia pieno di scarti e adesso che il frigo è a posto non posso fare a meno di vedere tutto il resto. La casa è veramente un troiaio. La cosa più evidente sono i rotoli di polvere che sembrano le palle di sterpi che corrono nel deserto dei film western. Okay, è il momento. Apro lo sgabuzzino, prendo guanti, aspirapolvere, mocio e panni di tutti i tipi. Sono un dilettante, si vede subito. Pulisco prima cose che si sporcano quando ne pulisco altre. Passo l'aspirapolvere prima di spolverare, uso una scopa che invece che pulire attira tutta la polvere. Pulisco il pavimento del soggiorno e della camera poi passo al bagno. La tazza non è proprio sporca, ha un colorito uniforme. Uso tre prodotti tutti insieme. Quando verso il terzo l'odore è talmente forte che quasi svengo. Sulla confezione leggo: VARECHINA. Esco dal bagno. Respiro, quando torno la tazza è bianca che sembra nuova. Con la stessa spugna passo lavandino e bidet... forse andava cambiata. È il turno della cucina. L'unto sul fornello avrebbe bisogno dell'acido muriatico. Gratto per dieci minuti e le incrostazioni di riso, caffè e sugo quantomeno si scollano dal piano. Poi lavandino e cappa. Quando è rimasto solo il pavimento ecco l'ultimo errore del principiante. Verso nel secchio mezzo flacone di liquido per i pavimenti prima di riempirlo d'acqua, in modo che quando lo infilo sotto il rubinetto la schiuma che si crea sembra quella di una birra media spillata male. Aspetto che si asciughi il pavimento, risistemo tutti gli attrezzi nello sgabuzzino e mentre li incastro a uno a uno mi cade in testa uno straccio, lo guardo, è una sciarpa, nera e azzurra con la scritta TUTTI PAZZI PER MATERAZZI.

Sono sul divano a guardare la casa pulita con la sciarpa dell'Inter in mano. Ero un tifoso vero, di quelli che vanno allo stadio o l'ho comprata una sola volta e da allora ho 'sta sciarpa? E poi l'Inter... è una buona squadra? Ha vinto tanto, o poco? Mentre me lo domando apro il giornale che ho preso al supermercato e sulla prima pagina leggo: "La sfida di Milano, Inter-Milan". Questa sera ore 20.30 stadio di San Siro. Guardo l'orologio, sono le sei meno venti...

19

Mi sono avvolto il collo nella sciarpa TUTTI PAZZI PER MATERAZZI e sono uscito. Sono sul tram ora. È la prima volta che ci salgo. È lungo e snodabile, fa un gran rumore quando frena e il fatto che non possa sterzare un po' m'inquieta, ma come al solito mi fido. Mi piace stare sulla piattaforma tra una carrozza e l'altra quando il tram curva. Mi sembra di essere la ballerina del carillon che gira stando ferma. Il tram è pieno di gente con sciarpe, bandiere e magliette dell'Inter e del Milan. Allo stadio ci vanno davvero tutti: papà con i bambini, gruppi di amici ventenni, trentenni e quarantenni, ragazzi con la fidanzata e imbecilli, da soli o in gruppo. Uno di questi con i capelli cortissimi e la sciarpa come la mia si rivolge a un signore seduto di fronte a lui urlando: «Problemi? Cazzo c'hai da guardare?». Il signore abbassa la testa e lui glielo ripete. Io intervengo: «Ma no, forse guardava la pubblicità dietro alla tua testa». «Problemi pure tu?» «No» gli dico io, ma improvvisamente il tram inchioda e gli finisco addosso. «Ma allora vuoi botte?» Niente, mi sa che l'aria del tram non gli fa bene. Le porte si aprono e la gente esce come l'acqua da un imbuto. Alzo gli occhi e vedo un'astronave con delle enormi colonne a spirale, coperta da travi d'acciaio rosse. Sprigiona una luce biancastra dall'interno. Mi sa che sono arrivato. Mi sa che questo è San Siro.

Le biglietterie erano chiuse. Il biglietto l'ho comprato da un tizio che a suo dire faceva prezzi stracciati. Ho speso metà di quello che prendo in un mese in pizzeria e già mi ero pentito di esserci venuto allo stadio. Poi quando sono sbucato in cima alle gradinate il mio morale è cambiato.

Il rumore che fa la gente è impressionante, sembra quello di un'aspirina che si scioglie in un bicchiere moltiplicato per milioni di bicchieri. In campo ci sono solo dei giocatori che si stanno scaldando ma l'aria che respiri sembra più spessa. È la prima volta che vedo tanta gente tutta insieme nello stesso posto. L'unica cosa immobile è il rettangolo verde che brilla in mezzo alle tribune stracolme, tutto il resto si muove. Mi domando come le gradinate possano reggere il peso di tutta questa gente. Lo stadio è una massa indistinta che respira. Mi siedo ma non riesco a stare seduto, vorrei poter essere sul campo a dare i calci al pallone come quegli omini laggiù. Chissà se so giocare a pallone? Forse no. Se invece sì, chissà se me lo ricordo?

Quando riesco a calmare il battito cardiaco comincio a mettere a fuoco le persone intorno a me. C'è qualcosa di strano, ma non capisco cosa. Credo sia nei colori dei loro vestiti. Sono a strisce come quelli della gradinata di fronte, solo che quelli sono neri e blu, mentre tutti intorno a me hanno sciarpe e bandiere rosse a strisce nere. Non faccio in tempo a realizzarlo che il ragazzo di fianco a me vede la mia sciarpa TUTTI PAZZI PER MATERAZZI e mi dice: «Ma tu sei interista. Cos'è, c'hai problemi?».

Non era l'aria del tram, credo sia l'aria dello stadio che fa male alla gente. Dopo il primo gol mi hanno obbligato a togliermi la sciarpa. Devo stare più attento alla partita. Guardo ovunque fuorché il campo. Mi devo concentrare. Questa è una cosa che faccio fatica a fare. Concentrarmi. Chissà se è sempre stato così o è per colpa dell'amnesia? Magari sono sempre stato uno distratto, uno che riesce a tenere la concentrazione per massimo tre minuti di fila e si perde il meglio della vita...

Esattamente come prima. Il boato dello stadio che mi risveglia dal torpore, mi sono perso anche questo gol. Ora mi concentro. Allora, in campo ci sono due squadre, e io ho scoperto che tifavo per una delle due. Per l'Inter. Ci provo. Ci provo ma non riesco a capire. Perché? Perché dovrei tifare per quelli piuttosto che per gli altri? Come si decide per quale squadra tenere? Ce lo si passa di padre in figlio? O dipende dal colore della maglia? Forse è per il nome di un giocatore che ti suona bene? Cosa decide che per tutta la tua vita soffrirai e gioirai per quelli lì vestiti di nerazzurro? Facciamola semplice: è una partita di calcio, giusto? La squadra che vince diventa la mia squadra. Per sempre. Vincere è meglio che perdere. Questo mi sembra evidente. Ed è veramente bello vincere. Alla fine non è stato così difficile scegliere la squadra. Quella che vince. Ho sentito un papà milanista dire al figlio: «L'importante è che abbiamo giocato bene» e lui gli ha risposto: «Sì, sì. Diglielo tu ai miei compagni domani». E ha ragione lui, perché vincere è meglio che perdere.

20

Il tempo è cambiato. L'autunno è arrivato. Sono ormai tre giorni che tira un vento freddo che più freddo non si può. Nell'armadio di casa non ho trovato nulla di pesante da mettermi. C'erano solo cose estive. Sono in Vespa, fermo a un semaforo e sto aspettando che venga il verde. Forse dovrei comprarmi una giacca o qualcosa di simile. Tra l'altro non mi sono ancora comprato niente da quando ho perso la memoria.

Sì, l'altro giorno ho fatto la spesa, ma non sono mai andato a comprare qualcosa giusto per comprare. E il fatto che vivo in un'era fondata sul consumismo, questo me lo ricordo. Potrebbe essere un'esperienza. Voglio dire, chissà cosa mi piace, adesso. E poi ho freddo. Guardo il cielo sopra di me e vedo nuvole che corrono veloci. È una di quelle giornate in cui l'aria sembra più pulita. Ti sembra di vedere tutto meglio. Come quando vai a lavare la macchina e quando esci dall'autolavaggio ti sembra che abbiano lavato il mondo. Ma quanto dura 'sto semaforo?! Son dieci minuti che aspetto! Guardo a destra, guardo a sinistra e passo con il rosso.

L'autunno è arrivato, dicevo. Non so se dipenda dal fatto che da quando ho perso la memoria osservo tutto con maggior attenzione, ma era da tanto che non guardavo con attenzione l'autunno arrivare. Le foglie degli alberi si sono fatte gialle come i sacchetti dell'Esselunga. Poi fa buio prima. Sono le sei e mezzo e già i lampioni sono accesi. La gente cammina in un modo differente. A Milano tutti hanno sempre fretta di andare dove devono andare, ma oggi è come se avessero ancora più fretta. E soprattutto fa freddo. E io mi sto congelando. In una vetrina vedo una giacca che mi sembra bella. Posteggio la Vespa sul marciapiede, entro nel negozio e dico: «Buonasera».

Niente. Non risponde nessuno. Mi guardo intorno e mi rendo conto di essere in un negozio di abbigliamento per vela. Forse saranno usciti in barca... sorrido, ma mi rendo conto che la battuta ha fatto ridere solo me. Provo a ridire «Buonasera», ma non risponde nessuno. Vedi, però, ancora la vela. Devo capirla questa cosa della vela. Magari ho una barca e non lo so. «Buongiorno, desidera?» mi chiede un signore con un golf giallo. Io lo guardo per un secondo e poi indicando la giacca in vetrina dico: «Vorrei quella, per favore».

Devo dire che negli ultimi giorni sto meglio. Mi sembra di ricordare sempre più cose. Oggi pensavo a come definirei la condizione in cui mi trovo. Perché io, non è che non mi ricordi niente niente. O meglio, alcune cose proprio non me le ricordo, ma altre è come se me le ricordassi in maniera offuscata.

Forse "offuscata" non è l'aggettivo adatto. È un po' come essere miopi, ecco. Che la realtà la vedi, capisci dove sei, però vedi tutto fuori fuoco. A meno che non metti gli occhiali. Io però, anche se metto gli occhiali, vedo offuscato comunque. Però la giacca che mi sono comprato mi piace proprio. Passo davanti a una vetrina e mi fermo a guardare il mio riflesso. Sembro un po' un pescatore di tonni, però mi piace. È una bella giacca. E poi finalmente sono al caldo. L'orologio del comune segna le sette meno venti. Devo andare a lavorare e se devo essere sincero ne farei volentieri a meno. Non che non mi piaccia andare in pizzeria ogni sera, quando sono lì sto bene. È proprio il pensiero di andare che mi fa venire male. Accendo la Vespa e con la mia giacca nuova vado a lavorare.

La serata non è stata male. I clienti erano simpatici e soprattutto pochi. Abbiamo chiuso un'ora prima e sto tornando a casa. È l'una di notte e la luna splende manco fosse il sole. Splende ma non scalda. Fa un freddo che non mi viene la metafora per dire il freddo che fa. Secondo me mi sto ammalando. È tutta la sera che starnutisco. Tutti quelli che hanno mangiato la pizza da Marechiaro domani avranno il raffreddore. Ho voglia di farmi un bagno. Non l'ho mai fatto. Da quando ho perso la memoria ho fatto solo docce. E secondo me il bagno è una bella cosa.

21

Ci sono cose che per un motivo o per un altro tendiamo a nascondere anche alle persone che ci sono più vicine. I nostri amici, le nostre fidanzate o fidanzati, persino la mamma non le sa. Sono le nostre schifezze. Quelle che, se venissero fuori, ci farebbero vergognare più della peggiore delle brutte figure. E secondo me è giusto che restino nascoste. Perché, come i pensieri, sono segrete.

Da quando ho perso la memoria non è che abbia una gran voglia di lavarmi. Non so perché. Ci stavo pensando anche l'altro giorno. Chissà perché certe persone non si lavano. E chissà perché puzzare è una cosa brutta. Voglio dire, chi l'ha deciso? O meglio, perché se una cosa puzza ci fa schifo? Da cosa deriva il fatto che la puzza è schifosa?

Ad esempio agli animali la puzza piace un casino. Per un cane, annusare il culo di un altro cane è come per noi sentire il profumo del pane appena sfornato. Però il profumo del pane appena sfornato piace anche ai cani. E allora perché a noi annusare i culi degli altri ci fa schifo? Come sono feticista, stasera. Sarà che sono in quest'acquetta un po' sporchina che sembra... brodo. Ecco cosa sembra: brodo. Brodo di me stesso a fine giornata. Ma cos'ho stasera? Faccio solo pensieri schifosi. Forse mi sta venendo la febbre, o forse è che non mi piace fare il bagno. In effetti non mi sembra una gran cosa. Voglio dire, sperare di lavarsi stando per mezz'ora nell'acqua stagnante mi sembra follia. E sì che è da un sacco di tempo che la gente si fa il bagno. Voglio dire, anche i greci se lo facevano. Gli egizi non lo so. Però, che la gente si faccia il bagno da tantissimo tempo è un dato di fatto. Sul bordo della vasca vedo una riga marrone che capisco essere il mio sporco. Giuro che mi sono fatto una doccia stamattina. Quindi questo è lo sporco della giornata. Mamma mia che schifo. Basta. Direi che da oggi solo docce. Il bagno si fa al mare.

Stavo pensando che le cose che ho detto prima possono essere ribaltate in positivo. Parlo del bagno. Lo so che sono monotematico, ma oggi mi sento così. Insomma, il bagno, dicevo. Alla fine non è male. Nel senso che stare nelle proprie schifezze non è poi così brutto. Ci si sente al sicuro. Eppoi le nostre puzze non sono mai fastidiose. Anzi, sono quasi piacevoli. In fondo sentiamo sempre le puzze degli altri, mai le nostre. Fare il bagno è un po' come stare nella pancia della mamma. Prima di nascere, dico. Anche lì stai nel tuo brodo. E ci stai per nove mesi. Praticamente è un bagno che dura nove mesi. Sai che palle. Meno male che non ce lo ricordiamo. Eppoi chissà che puzza quell'acqua lì. Chissà se si ricambia. Voglio dire: sarà mica la stessa per nove mesi!?

Penso spesso a cosa sia, doveva essere, sarà, stare in una pancia. Non ho mai capito come si faccia a respirare. Si respira nella pancia? Come si mangia, mi è abbastanza chiaro: c'è il cordone. È il come si respira che non ho ancora capito. È una mancanza mia, me ne rendo conto. Il non sapere una cosa che, forse, tutti sanno. Però non la so. Voglio dire: respirano i feti? Sicuramente sì. La vita è vita perché c'è l'ossigeno. Quindi respireranno. Ma come? Okay, credo sia arrivato il momento di uscire. L'acqua si sta facendo fredda e mi sono annoiato di stare a mollo. Mi alzo e mi rendo conto di non aver messo l'asciugamano vicino alla vasca. Ecco un altro déjà vu: mi dimenticavo sempre di mettere l'asciugamano vicino alla vasca. Cerco di allungarmi per prenderlo, ma perdo l'equilibrio e scivolo sbattendo la testa sul bordo vasca.

Non mi ricordo dove l'ho sentito, ma so che dopo una botta è meglio stare immobili. Muovendoti potresti andare a peggiorare le lesioni. Soprattutto se sono interne. Ma certo! L'ambulanza! Io ho lavorato in ambulanza! Me lo ricordo! Ho fatto il servizio civile nella Croce Rossa Romentino. Vuoi vedere che mi è tornata la memoria? In fondo anche il dottor Braschi mi aveva detto che forse sarebbe bastato un trauma qualsiasi per far riaffiorare i ricordi. Provo a stare fermo qualche secondo cercando di capire se mi torna in mente qualcos'altro... niente. Sento solo la testa pulsare. Provo ad alzarmi. Non so se è il calo di pressione dovuto al bagno caldo o la craniata che ho dato sulla vasca, ma mi gira tutto. Mi guardo allo specchio. Be', pensavo peggio. Ho il sopracciglio che sanguina un po', ma il resto sembra a posto. Che giornata di merda. Sono qui, alle due meno un quarto del mattino, nudo come un verme, davanti allo specchio, con un asciugamano sulla testa che cerco di tamponare il sangue e sono sicuro che mi sta venendo anche l'influenza. Anzi, quasi quasi mi provo la febbre. Tutto sta a ricordarsi dove ho messo il termometro.

22

Ci sono giorni in cui va tutto storto, in cui le persone che dovrebbero prendersi cura di te non lo fanno e quelle a cui chiedi di farlo non se ne curano. Giorni in cui anche solo fare una telefonata sembra un'opera impossibile. In quei giorni lì l'unica cosa da fare è capire che quello è uno di "quei giorni" e quindi è meglio chiudersi in casa e aspettare che passi.

Sto di merda. Mi sento come un tonno fuori dall'acqua che cerca di prendere ossigeno dalle branchie. Inspiro ma dalle narici non passa un filo d'aria. Mi tocca respirare dalla bocca se voglio sopravvivere, ma la gola mi fa male solo ad aprire le labbra. Mi alzo per bere un goccio d'acqua ma il mio sedere pesa una tonnellata e mi risbatte sul letto. Sento scariche di brividi lungo la schiena. Il mio fiato è rovente. Mi avvolgo il piumone attorno al corpo come un bozzolo. Sento il cuore che mi pulsa nelle tempie e l'occhio gonfio mi fa male. Forse sto morendo. No, dài! Non subito, non sono neanche tre mesi che mi ricordo che sto vivendo, non posso morire subito. Chissà cosa si prova? A morire, dico. Strano che dei due momenti più importanti della vita, la nascita e la morte, nessuno si ricordi e li possa raccontare. Chissà chi mi troverà? Magari la portinaia. Almeno una volta avrà un motivo per piangere. Forse è meglio che mi metta addosso qualcosa. Farmi trovare come un baco da seta avvolto nel piumone mi sembra poco dignitoso. Forse devo anche lavarmi i denti. Il mio fiato oltre che rovente è insostenibile. No. Non posso farmi trovare così.

Driiiin!

Apro e appare la portinaia con un pacco di buste in mano. Io la guardo, lei mi guarda. «Buongiorno» le dico. Lei fa una faccia schifata come in preda a un conato di vomito, vede l'occhio nero e scoppia a piangere. Il mio alito deve essere molto peggio di quanto pensassi. Anche facendo la conchetta con la mano la percezione del proprio alito è sempre sbagliata. Questo però significa che almeno non sono morto. Sono vivo. Sto male, ho un alito da morto ma sono vivo!

La portinaia per una volta è stata utile. Mi ha consegnato la posta ed è corsa via. Quando è tornata teneva in mano un termometro. Ho 38,7 di febbre. E adesso cosa faccio?

Suona il mio cellulare. Eva.

«Ciao amore... ma che voce hai?»

«Ho 38,7 di febbre.»

«Amore, te l'ho detto che con 'sto freddo non devi andare in giro in Vespa!»

«Ma seh! Basta che mi copra un po' di più. Non c'ho mica tutta la ciccia che c'hai tu che mi protegge.»

«Crepa!»

«No, no, no, Eva aspetta. Cosa devo fare?»

«Ingrassa!»

«Dài tesoro aiutami!»

«Non chiamarmi "tesoro" solo perché prima mi hai dato della grassona.»

«Non ti ho dato della grassona, ho detto che hai tanta ciccia.»

«Sì, vabbe', dài non andiamo per il sottile!»

«Eh, anche perché andare per il sottile con te è un po' difficile.»

«Matteo. Vai a cagare!»

«No, no, no, dài Eva aiutami, vieni qui da me!»

«Chiamati un medico! E cercatelo magro visto che ti piace il genere!»

Le sale d'attesa dei medici sono i posti più malsani della terra. Se non sei già malato di tuo qui ti prendi per forza qualcosa. Siamo in sei. Quattro anziani catarrosi, una ragazza con un occhio bendato e un bambino col braccio ingessato che per farlo stare fermo gli spezzerei una gamba. Che due maroni! Sono qui da mezz'ora ed è entrata solo una persona. A 'sto ritmo per cena sono ancora qui. A meno che non finga un malore. Se faccio finta di svenire secondo me mi fanno passare, tanto i vecchi non mi sembrano messi malissimo, quella con la benda non ci vede ora e non ci vedrà dopo, e, se aspetto ancora, una gamba al bambino gliela spezzo davvero. Ma sì, dài! Mi alzo di scatto, dico che sto malissimo, che non ce la faccio più, fingo un conato di vomito sul bambino ingessato, la mamma lo tira a sé e tutti mi dicono di sedermi e di stare tranquillo che appena esce il paziente mi lasciano entrare.

La porta si apre subito. È una di quelle porte imbottite come una poltrona per non far sentire le voci dall'interno. Il medico non mi conosce o finge di non conoscermi e io faccio lo stesso, evidentemente non ci sono mai venuto da quando vivo a Milano. Mi fa sedere sul lettino. Mi tira su camicia e maglione lungo la schiena. Appoggia un oggetto piatto e gelido sulla mia pelle. «Oh!» gli urlo. «Si calmi e respiri» mi dice lui. Mi misura la pressione, il polso, picchietta con le mani sulla schiena, mi guarda la lingua, la gola e poi sentenzia: «Lei ha l'influenza e un occhio tumefatto». «Be' grazie, fino a qui...» «Come se l'è procurato l'occhio nero?» mi chiede. «Sono scivolato nella vasca» gli rispondo. «Sì sì. Voi dite sempre così.» «Ma noi chi?»

Sono decisamente deluso da questo medico. Devo stare ritirato, mangiare riso in bianco e patate lesse, e bere spremute d'arancia. Non uno sciroppo o una pastiglina. Niente. L'unica cosa che mi ha dato è stato un certificato per cui posso stare a casa dal lavoro. Se riesco domani passo da Claudio in pizzeria e glielo lascio, per il momento lo avviso al telefono.

«Claudio sono Matteo.»

«Che voce c'hai? Sembri Tutankomen.»

«Tutankamon forse! Altro déjà vu.»

«Cosa?»

«Niente. Senti Claudio, io non posso venire al lavoro.»

«E perché?»

«Ho 38,7 di febbre.»

«Io con 38,7 ho costruito casa mia con le mie mani.»

«Sì, quale? Quella che è caduta?»

«Vabbe', quando il signorino ha deciso che è guarito la pizzeria è sempre aperta. Tra l'altro qui c'è il tuo primo stipendio. Che faccio? Me lo tengo?»

«Chiedo a Eva di passare a prenderlo.»

«E chi è?»

«Un'amica, guarda è inconfondibile, quando vedi una fioriera gigante entrarti in pizzeria quella è Eva.»

23

Comprendi davvero di che pasta sei fatto non tanto quando vieni messo alla prova, ma quando ne sei uscito e ti guardi da fuori. Se mi avessero detto che mi ci voleva un'influenza per capire che stare bene è meglio che stare male non ci avrei creduto, se avessi saputo che chi sta dentro alla televisione è lì per farti innamorare non avrei nemmeno incominciato a guardarla.

Fortuna che secondo il medico dormirci sopra una notte avrebbe aiutato a farmi passare l'influenza. La testa mi sembra fasciata in un asciugamano caldo. Vedo e sento tutto come fosse ovattato. Ieri ho mangiato riso, patate lesse e bevuto un litro di spremuta d'arancia, ma evidentemente i metodi naturali del dottor "dite tutti così" non funzionano. Chissà se c'è un limite al peggioramento? Cioè, quando si comincia a stare male si sta male sempre di più o a un certo punto basta? A me sembrava basta già ieri. Invece oltre che alla testa e alla gola ora ho male anche allo stomaco. Che poi non è male. Sento come se i miei organi interni si stessero liquefacendo e liquefacendosi aumentassero la pressione interna. Questo dev'essere un retaggio di qualche studio di fisica. Elementi che passando da uno stato all'altro liberano energia. Non so che trasformazioni stiano avvenendo nella mia pancia, ma dev'essere qualcosa di imponente a giudicare dai gorgoglii che ne escono. È la prima volta che sento questo movimento. Non ho idea di che cosa si tratti ma temo che non sia nulla di buono. E poi tutto accade in un attimo. Come tutte le cose che si preannunciano e in realtà non lo fanno mai abbastanza. C'è sempre un elemento di impreparazione che ti coglie di sorpresa. Tu puoi averlo calcolato quanto vuoi, avere misurato tempi e reazioni, ma quando arriva *quell'*attimo lì, è meglio trovarsi davanti alla porta di un bagno!

Che brutta roba! Ora ho capito perché le pubblicità che parlano di argomenti come la dissenteria ci fanno sempre dei giri strani intorno usando metafore assurde pur di non toccare l'argomento. Perché è una roba brutta da vivere, figuriamoci a raccontarla. Intanto mi sembra di essere rovente. Il termometro di casa segna 23 °C ma io sto congelando. Adesso vado dal dottor "dite tutti così" e gli riempio l'ambulatorio di microbi in modo che poi se li beve lui i litri di spremuta! Provo a infilarmi un maglione ma il contatto della lana con la pelle è terrificante. È come se la pelle fosse ipersensibile e il maglione pesasse venti chili. Che non so quanto pesino, ma credo pesino tanto. In sostanza, a uscire di casa non ci penso minimamente. Lo chiamo.

«Dottore adesso ho anche la dissenteria.»
«Chi parla, scusi?»
«Sono Caccia, quello con l'occhio nero.»
«Ah, buongiorno. Quindi mi diceva che l'influenza ha preso anche l'intestino.»
«No dottore, ho detto che ho la dissenteria.»
«È la stessa cosa. Ma mi ha bevuto le spremute d'arancia?»
«Guardi, mi sa che ho finito le scorte di agrumi della Sicilia.»
«Eh, niente, allora passiamo ai farmaci. Mi prende una Tachipirina per la febbre e un antispastico per la dissente-

ria, prima e dopo i pasti, e in caso di persistenza del disturbo mi richiami.»

«Sì sì. Voi dite tutti così.»

«Ma voi chi?»

In farmacia mi imbarazzavo a dire che mi serviva un medicinale per la dissenteria e gli ho dato un biglietto su cui c'era scritto il nome della medicina. Il farmacista però ci ha tenuto a dire di prenderlo dopo ogni "scarica". Ha detto proprio così, "scarica", ripetendolo due volte ad alta voce in modo che tutti gli altri clienti sapessero che mi sto lentamente sciogliendo. Però aveva ragione. Sono sul mio divano bianco da un'ora e va decisamente meglio. Il dolore alla pancia è sparito, ora lì dentro sembra tutto immobile e solido come il cemento armato.

Quando si è malati si ascolta il proprio corpo molto di più di quando si è sani. Da quando ho perso la memoria quasi non ci avevo fatto caso di avere una pancia, uno stomaco, un intestino, ora invece potrei quasi dire dove comincia uno e dove finisce l'altro. E pure la febbre si è abbassata. Ma le medicine sono la più grande invenzione del secolo! Non so di quale, ma sicuramente del secolo in cui sono state inventate! Una pastiglia, un sassolino minuscolo che ti prendi dalla bocca e che agisce proprio là dove ti fa male! E poi questa condizione in cui sei malato ma cominci a guarire è bella. Hai diritto a startene sul divano a cazzeggiare senza che nessuno ti possa dire nulla. Sei malato!

Accendo la televisione. Devo ricordarmi di farlo più spesso. C'è questo scatolone in casa che dimentico che si può accendere e lo uso solo come soprammobile. Molti programmi non li capisco perché parlano di politica, alcuni non mi fanno ridere anche se dovrebbero, altri invece li trovo inutili, ma sono quelli che preferisco. In fondo se uno se ne sta davanti alla televisione è perché non ha niente di utile da fare, quindi tanto vale vedere cose inutili. Quello che sto guardando adesso è una specie di tavola rotonda sul calcio. Parlano di arbitri, di allenatori, di fuorigioco e di arbitri. Gli ospiti sono giornalisti, un attore, un presentatore e... e quella chi è? È una donna. O meglio, non è una donna. È una dea. Mi alzo dal divano mi avvicino allo schermo per vederla meglio e quando le sono molto vicino mi viene naturale parlarle: «Ciao, io sono Matteo. E tu chi sei?».

24

So che in questo momento sto abbassando il livello di questo mio diario, ma mi sono innamorato di Elisabetta Canalis. E giuro che non sapevo chi fosse. Però forse è normale che t'innamori di una che vedi alla TV. Nel senso che sono un po' lì per quello. Parlo delle persone che lavorano alla TV. Certo che lavoro... Voglio dire, decidere di fare il lavoro di essere uno che lavora alla TV è una scelta radicale. Nel senso che tu decidi che per te la cosa più importante è fare un lavoro che ti porta a essere riconosciuto da tutti. Quindi nel momento in cui tu decidi di fare quel lavoro, lo sai che poi tutti ti riconosceranno e che molti si innamoreranno di te. Perché che ne sai chi è che ti sta guardando alla TV in questo momento? Magari ti sta guardando uno che non sa minimamente chi tu sia e decide che tu sei il suo grande amore e comincia a comprare i poster con te con le tette di fuori e tu sei per lui la donna della sua vita. E tu, dico tu che sei la Canalis, non lo sai. E lui continua a cercare cose su di te: con chi sei fidanzata, se sei fidanzata, dove vivi, dove abitano i tuoi genitori. Lo so che sarebbe un pazzo uno che fa una cosa così, però secondo me esistono. Voglio dire, c'è gente così. Però quello che volevo dire è che anche tu che lavori alla televisione lo sai che c'è gente che potrebbe fare 'ste cose per te. E secondo me ti fa pure piacere. Perché ho fatto tutto 'sto pensiero? Ah, già: perché mi sono innamorato della Canalis.

Sul fatto che Internet sia la più grande invenzione del secolo non c'è dubbio. Forse è pure meglio della televisione. Che tu possa sapere tutto di tutti in qualsiasi momento pagando più o meno trenta euro al mese, mi sembra il più alto esempio di democrazia. Comunque, non è di Internet che voglio parlare, ma di Elisabetta. Ha un sito tutto suo nel quale dice: "Tutto è iniziato con un fortunato provino per *Striscia la notizia*, che mi ha lanciato come velina nel 1999. Il grande successo ottenuto dalla trasmissione mi ha reso nota al grande pubblico e sono stata riconfermata fino al 2002. Dopo questa esperienza ho iniziato a guardare oltre, a pensare a progetti futuri e a lavorare di nuovo in televisione con programmi, spot pubblicitari e fiction. La mia prossima meta è il cinema. Sto muovendo i primi passi in questo settore e già sto partecipando a produzioni internazionali. I cavalli sono la mia passione. Da piccola ho praticato l'equitazione e ho partecipato ad alcuni concorsi ippici. Uno dei miei sogni è fare qualcosa di più concreto per questi animali, magari prendendo e gestendo una struttura che mi permetta di stare più tempo possibile con questi meravigliosi animali. Lo sport è un'attività che occupa gran parte del mio poco tempo libero. Quando non sono occupata con il lavoro, pratico il nuoto e la danza, ma ultimamente mi alleno anche con il kick boxing. Non posso fare a meno del mio cucciolo Andrea. Mi tiene compagnia ormai da un anno e mezzo e con lui condivido la mia casa a Milano".

Bene. Non mi sembra un genio, ma almeno vive a Milano.

Quando ho acceso il computer per la prima volta, sulla scrivania c'era una foto di me e Margherita. Io la guardavo con gli occhi dell'amore e la stronza sbuffava. Ora c'è Elisabetta che urla nuda sul bagnasciuga di una spiaggia caraibica.

Suona il telefono.
«Sì?»
«Matteo.»
«Claudio.»
«Che fai sfotti?»
«No, scusa è che...»
«Senti, sei guarito?»
«Sì, sto meglio, però...»
«Ascolta ho avuto una prenotazione per quarantacinque persone. È una ditta. Mi serve che vieni. È che... Matteo te lo chiedo per piacere. Tu sì 'nu bravo 'uaglione. Questi sono quarantacinque, capisci?»
«Sì, capisco, è che ho ancora...»
«Matteo, lo sai che la ruota gira?»
«In che senso?»
«Nel senso che la ruota, quella, gira. Se fai una cosa per me, io poi ne devo fare una per te. E questi sono quarantacinque. Te lo chiedo per piacere, vieni.»
«Okay. Però stasera i sacchi della pattumiera non li butto io.»
«Ah, no? E chi li butta? Io?»
«Okay vengo.»
«Matte' se' 'n amico.»
«Ci vediamo dopo.»

25

Credo dipenda dalle età o forse solo dalle stagioni. Ci sono stagioni in cui sei convinto di poter cambiare tutto, altre in cui pensi di poter cambiare solo qualcosa, e altre ancora in cui capisci che ci sono cose che non dipendono più da te. In giorni come questi speri che scendere in strada abbia ancora un significato e se non lo puoi fare speri almeno che non piova.

Alla fine ha vinto Claudio. Cioè ha vinto, mi ha convinto, dicendo che la ruota gira. Io 'sta storia della ruota che gira proprio non l'ho capita. Claudio ogni tanto usa frasi e modi di dire strani. Dev'essere perché è napoletano. Non voglio dire che i napoletani hanno modi di dire strani, intendo dire che io non ricordo di esserci mai stato e quindi non so come parlano e cosa dicono. Secondo me sono anche più bravi a convincerti a fare le cose. Questa storia del "sì 'nu bravo 'uaglione" ad esempio, forse se mi avesse detto "sei un bravo ragazzo" non ci sarei andato. Vabbe' comunque alla fine sono in Vespa e ci vado. La Vespa c'ha questa cosa che mentre guido penso molto. E spesso riesco anche a collegare le cose tra loro in un modo che abitualmente non faccio. I pensieri sono come le macchine. Non è che vanno sempre e sempre dritte. A volte rallentano, si fermano ai semafori, poi prendono nuove strade, svoltano a destra, a sinistra. Ah, giusto, a 'sto semaforo devo girare a sinistra! Sterzo bruscamente. «Sei una merda!» mi urla il tizio in macchina dietro di me. «Come dice, scusi?» gli chiedo fermandomi. Lui accosta: «Ho detto che sei una merda, metti la freccia no?». Io non capisco. «Mi scusi ma non ho capito, se vuole ne parliamo.» «Eh se'. Ma parla con tua madre, va'!» Con mia madre? Di cosa devo parlare con mia madre? Effettivamente è da un po' che non la sento, forse dovrei chiamarla. Chi era stato a dirmi di parlare con mio padre? La zingara sul treno. Forse voleva dirmi la stessa cosa. Forse quel signore è il marito della zingara e gli zingari credono molto nel valore della famiglia. Vabbe' domani chiamo mia mamma.

Non dovevo uscire di casa. Dovevo dire di no a Claudio. "No, mi spiace ma sto ancora male." Così, semplice: "No". È che non è così facile. Dire di no. È più facile dire di sì. Con un sì fai contenti tutti e soprattutto tutti sono contenti di te. È come se dicendo di no scontentassi le persone che hai davanti perché non dici di no solo a quello che ti stanno dicendo ma a loro come persone. Nego quello che mi dici e quindi nego te; non mi piaci, ti rifiuto, vorrei che sparissi. Boh, forse sto esagerando, forse è solo che sono incazzato perché vorrei essere a casa a cercare notizie su Elisabetta in Internet e invece sono qui a servire 'sti quarantacinque rompipalle che fanno una cena aziendale. Che poi è già mezzanotte e questi non se ne vanno. Hanno preso il caffè un'ora fa e continuano a ordinare amari e grappe.

Claudio è felicissimo perché la grappa la prende in un ingrosso a Rozzano e un bicchierino lo fa pagare quanto costa tutta una bottiglia. E loro fanno pure gli intenditori dicendo che è squisita... «Dove la prende?» e lui: «A Bassano del Grappa, sono le migliori». Ma adesso lui se n'è andato e me li posso gestire io. Spengo la musica, alzo la luce in sala e comincio a ribaltare le sedie sui tavoli accanto. A qualsiasi richiesta dico: «No, mi spiace l'abbiamo terminato». Avete un whisky? No. Un cognac? No. Un porto. No mi spiace l'abbiamo terminato. «Una camomilla?» Mi giro verso l'angolo da dove ho sentito provenire questa voce che mi sembra di conoscere. Ha i capelli raccolti, gli occhiali scuri, e una sciarpa che la copre fino al mento, ma è lei è Elisabetta! Come ho fatto a non riconoscerla immediatamente? «Avete una camomilla?» mi ripete guardandomi. Perché mi sta guardando. Ha su gli occhiali scuri ma sta guardando proprio me. «... una... una camomilla» mi ripete un po' scocciata come solo lei sa fare. «Una camomilla, certo! Sì una camomilla. Gliela porto subito. Sì.» Che bello dire di sì.

Sono al terzo tentativo e la camomilla per Elisabetta ancora non è pronta. Ho spaccato due tazze e una teiera. Le mani mi tremano e mi sudano. Mi sento come se fossi appena uscito da un bagno nell'acqua ghiacciata. Sono eccitatissimo. Credo che anche l'influenza sia passata. Un collega prende la camomilla e mi chiede: «Per che tavolo è? La porto io». Gliela strappo dalle mani e torno in sala. I quarantacinque al tavolo stanno ridendo, anzi direi i quarantaquattro visto che Elisabetta non ride per niente. Lei mi chiede se va tutto bene e io capisco che sono immobile con la camomilla in mano e gli occhi fissi su di lei da... boh, chennesò da quanto tempo sono qui fermo a guardarla. Ma chemmifrega? Lei è Elisabetta Canalis, io la amo, so tutto di lei e lei ora è qui davanti a me. È la mia occasione. Ho ancora pochi secondi per dire qualcosa di intelligente, qualcosa che le faccia capire che io non sono come tutti gli altri che le sbavano dietro, devo dire qualcosa che le faccia capire chi sono, che sono il tipo giusto per lei e se dico una cosa sola, ma la cosa giusta, lei lo capirà, le rimarrà impressa e stasera quando sarà a letto prima di addormentarsi le tornerà in mente e mi penserà. Mi allungo verso di lei, appoggio la tazzina sul tavolo e mi gioco la mia chance: «Elisabetta...». «Sì?» «Anche a me piacciono i cavalli.»

Non ho nemmeno buttato i sacchi dell'immondizia. Appena Elisabetta è uscita dal ristorante, ho preso il casco e l'ho seguita. Ora sono in Vespa dietro alla sua macchina, che non credo sia la sua perché la guida un altro, ma lei è lì su quella macchina e io non me la posso fare scappare. Chissà se è un caso? Se non l'avessi scoperta ieri in televisione non l'avrei riconosciuta, le avrei servito la camomilla senza sapere che davanti a me c'era la donna più bella del mondo! Invece il giorno prima l'ho conosciuta e il giorno dopo l'ho incontrata. No, non può essere un caso. La macchina di Elisabetta passa con l'arancione e io mi infilo dietro proprio quando scatta il rosso. Un automobilista mi urla «Stronzo» e io gli rispondo: «Tranquillo, lo so già, domani chiamo mia mamma». Ci siamo. La macchina accosta, lei scende, saluta tutti come solo lei sa fare e si infila nel portone del numero 2 di via... sì certo, lo vengo a dire a voi dove abita la mia Elisabetta.

26

Che in fondo l'hanno fatto tutti. Prima o poi. Senza pensarci, o meglio senza pensare che una volta si erano messi a ridere quando altri lo avevano fatto. Tutti prima o poi hanno preso un foglio, una penna e pensando alla persona che amavano hanno composto. Hanno pensato alle parole giuste, magari quelle che nessuno aveva mai usato, o mai usato in quel modo lì, si sono seduti e hanno scritto una poesia.

Sono le sette del mattino e guardo la città che dal silenzio della notte comincia a risvegliarsi. Vedere come questa via da deserta si stia trasformando in trafficata è una cosa che mi fa pensare. Penso a come tutti ogni giorno abbiano un sacco di cose da fare. Un posto dove andare. Guardo le persone dentro le macchine bloccate nel traffico, quelle che stanno aspettando alla fermata del tram, quelle che camminano con i bambini per mano. La mattina ha un altro ritmo. La mattina ha sempre fretta. La mattina è razionale. Secondo me è sbagliato che il mondo sia organizzato in questo modo. Le persone che incontri la mattina sono diverse da quelle che incontri il pomeriggio o la sera. Non so se sto riuscendo a spiegarmi, mi sa di no. Ecco, tipo la scuola. Perché costringere delle persone che sono all'inizio della loro vita a uscire d'inverno, col freddo e il buio, per andare ad apprendere cose? Non discuto che la scuola sia importante, ma perché alle otto e mezzo? Perché non alle dieci o alle undici? Forse perché così i genitori possono andare anche loro al lavoro. A produrre. Ma, mi chiedo, se iniziassimo a fare tutte queste cose due ore dopo, non sarebbe uguale? Secondo me saremmo tutti più rilassati. E invece no. "Il mattino ha l'oro in bocca" diceva qualcuno. Be', secondo me, quel qualcuno ha detto una minchiata.

Sono le sette del mattino, dicevo. Anzi, ormai le sette e un quarto. Sono sotto il portone di Elisabetta Canalis, aspettando che esca di casa. Ho freddo, sonno e l'occhio nero pulsa come un pulsante. Lo so che i pulsanti non pulsano, ma non mi veniva la metafora. Accanto a me c'è un barbone che sta riemergendo dal suo nido di stracci. Io lo saluto, lui mi saluta.

Forse è meglio che me ne torni a casa. Che sto facendo? Voglio dire, ammesso che prima o poi esca di casa, che potrei dirle? "Ciao, tu non mi conosci, ma mi sono innamorato di te. Sai ti ho visto alla televisione e poi come per magia sei venuta a mangiare nella pizzeria dove lavoro. Ti va se ci sposiamo?" Questa mi prende per pazzo. Giustamente, tra l'altro.

No, no. Io torno a casa. Poi chissà in quanti hanno già fatto la stessa cosa che sto facendo io. Però che ne sai? Magari vedendomi anche lei ha la stessa reazione che ho avuto io. Magari siamo veramente fatti l'uno per l'altra. In fondo i colpi di fulmine esistono. Forse ci stavamo cercando da una vita e finalmente ci siamo trovati. In fondo che sto facendo di male? Mi sono innamorato di lei. Il fatto che l'abbia conosciuta guardando un programma di calcio è un problema secondario.

Certo, che lei non sappia chi sono è un po' meno secondario. Però se non mi presento non saprà mai della mia esistenza e magari non ci vedremo mai più. E tutti e due un giorno moriremo senza aver trovato il grande amore. Perché il grande amore eravamo noi. Via, deciso, aspetto. Anzi, vado a comprarle dei fiori. Che magari le fanno piacere.

«Scusi, se esce la Canalis, le dice di aspettarmi che arrivo subito?» dico al barbone. «Certo. E tu non hai dieci euro che ho la Porche in riserva?»

Ridendo e scherzando si sono fatte le dieci e mezzo e io sono sempre sotto casa di Elisabetta. Alla fine le ho comprato una palma. Ho pensato che i fiori erano un po' poveri. Eppoi i fiori durano poco. Invece la palma sembra essere la pianta più longeva che esiste in natura. A essere sinceri il fiorista mi ha detto che le piante che vivono di più sono le querce. Ma presentarmi dal mio amore con una quercia mi sembrava troppo impegnativo. Il barbone se n'è andato e ora, riflessi nella vetrina, ci siamo solo io e la palma. Sembro un'installazione di un artista neanche tanto bravo. Però dài, son carino. Forse un po' surreale, però se fossi una donna mi farebbe piacere. Bene, direi che sono pronto, ora non resta che aspettare che esca. Sì, ma rimane il problema di cosa dirle appena la vedo. Una poesia! Giusto! In fondo scrivevo poesie. Vuoi che non me ne sia rimasta in testa neanche una? Vediamo un po'...
"Se ti avessi portato un fiore, vedendoti quel fiore sarebbe appassito. Perché davanti al fiore che sei tu nessun fiore si sentirebbe in diritto di continuare a fiorire." Bella merda. Soprattutto ricca di sinonimi. Ma possibile che non... eccola! È lei. È ancora più bella di come me la ricordavo. Con lei c'è l'idiota di ieri sera. Me ne frego. Mi metto sotto la palma e...

«Elisabetta. Posso dirti una cosa?» le chiedo con tutto l'imbarazzo del mondo. Lei mi sorride e fa di sì con la testa. Non sapendo che dire lascio che le parole escano da sole: «Ehm... devi sapere che verso la metà di questo secolo la terra ebbe un sussulto e si decise a fare il meglio che poteva fare per una volta, forse per l'ultima volta. Chiamò a raccolta le maree oceaniche, i venti più famosi delle montagne, il Nilo, il Gange, il Rio de la Plata e il Mississippi, e non sapendo che farsene di un tutto tanto imponente e tanto imbarazzante, lo chiese a me, e così fece te».

Sono sdraiato per terra non so da quanto tempo. Cerco di realizzare che cosa sia successo. Niente, non mi ricordo niente. Apro gli occhi e sopra di me vedo una palma. Dove cazzo sono? A Nizza? «Ammazza che pugno che t'ha tirato» mi dice il barbone, che nel frattempo ha stappato il suo primo cartone di Tavernello. Mi alzo e guardo il mio riflesso nella vetrina. Gli occhi neri sono diventati due e mi scende del sangue dal naso. Salgo sulla Vespa e guardo la palma che sembra l'oggetto intruso da scoprire della "Settimana enigmistica". Io gliela mollo qui, almeno si ricorderà per sempre che ha perso l'occasione di conoscere l'amore della sua vita.

27

Forse siamo noi ad avere scarsa fantasia, o forse la realtà ha regole che l'immaginazione non conosce. Eppure ci sono cose che ci sorprendono sempre, per forza e dimensioni. Quando ripensiamo a com'era la realtà prima di come la vediamo ora spesso ci viene da dire: "Non lo avrei mai detto".

"L'amore vero è quello non corrisposto" dice il bigliettino del cioccolatino che sto mangiando. Be', non mi sembra per niente vero. E se pure vero fosse, non mi aiuta a stare meglio. Perché le cose importanti devono essere sempre complicate? Perché le cose complicate devono essere sempre importanti? Perché le regole della vita non sono più semplici? In fondo la vita alla quale noi ci riferiamo quando parliamo di vita, è la vita degli uomini. Cioè la nostra. E allora perché non riusciamo a far sì che tutto sia più semplice? Perché troviamo sempre qualcosa di piacevole nella difficoltà di ottenere ciò che vogliamo? Voglio dire, secondo me ci è chiaro fin da subito che una cosa può portarci alla sofferenza. E allora perché la ricerchiamo? E poi perché ogni cosa da bella diventa brutta? Chi la fa diventare brutta? Noi, credo. Anche il cattivo umore: chi è che lo determina? Tu. Tu, oppure un'altra persona che fa una cosa contro di te. Però sempre di una persona si tratta. Be', insomma, quello che penso è che ci sono sempre due modi di viversi le cose: bene o male. E secondo me, viversele bene è meglio.

Una cosa che penso spesso in questi ultimi giorni è che penso tantissimo. Mi scuso per il gioco di parole ma è quello che volevo dire. Nel senso che non so quanto pensassi prima dell'amnesia, ma da un mese a questa parte non faccio altro che pensare. O forse tutti pensano così tanto. Effettivamente non è che puoi sempre dire quello che pensi. Infatti c'è anche il detto: "È meglio non dire quello che pensi"... ma esiste un detto così? Boh, vabbe', quello che volevo dire è che secondo me...

Driiiin!

... E adesso chi è? Mi alzo dal divano e vado verso la porta. Passando davanti a uno specchio mi vedo riflesso. Ho tutti e due gli occhi neri e una crosticina di sangue nella narice destra. Sembro un panda.

Un'altra scampanellata.

«Arrivo!» urlo a chiunque sia. Mi passo una mano tra i capelli e apro la porta. È la mia portinaia. Ha in mano due buste della spesa. «Questa è la posta, e questi te li ha lasciati tua madre» mi dice con la voce tremante. Ecco questa a me non sembra una frase emotivamente destabilizzante. Nel senso che "questa è la posta e questi te li ha lasciati tua madre" non mi sembra una frase particolarmente triste. E allora perché sta piangendo? Perché questa ogni volta che mi vede scoppia a piangere? E soprattutto perché io non gliel'ho ancora chiesto? «Scusa, ti dispiace dirmi se ti ho fatto qualcosa? Anzi, no scusa forse è meglio che ti spieghi. Perché magari non lo sai e quindi prima che tu mi dica qualsiasi cosa è meglio che ti dica che...» «Matteo io so tutto» mi dice tirando su col naso. Come so tutto!? Vuoi vedere che la suora laica, qui, sa veramente tutto e io è un mese che giro come un cretino!? «Ma cos'è che sai, scusa?» Lei mi guarda con gli occhi pieni di pianto e dice: «L'amnesia è un segno, non capisci? Le cose non capitano per caso, Matteo». Poi mi dà le buste, il pacchettino e scende le scale.

Suona, stavolta è il telefonino. E ora chi è?
«Pronto?»
«Sono Eva.»
«Eva scusa, ma adesso non posso...»
«No, ascolta ti devo dire una cosa importante.»
«Eva, possiamo sentirci tra mezz'ora? Ti richiamo io.»
«Eh, no, Matteo! Ma cos'è? È un mese che ti ascolto e basta! Se ti dico che è una cosa importante tu stai zitto e ascolti, chiaro?»
«Scusa, Eva. Dimmi.»
«Mi sono innamorata.»
«Spero non di me.»
«Matteo...»
«Dimmi...»
«Hai mai pensato di fare qualcosa per il tuo egocentrismo?»
«Ah ah.»
«Comunque si chiama Tiziano.»
«Chi?»
«Il mio fidanzato.»
«Ah! Ah! Ah!»
«Senti, pirla, invece di ridere, vai a far la spesa che stasera te lo porto a cena.»
«Eva, no. Guarda, davvero, ho bisogno di star da solo. Me lo presenti un'altra volta.»
«Pulisci la casa che arriviamo. Ciao.»
«Eva!? Eva!?»

28

Ci sono giorni che hanno un respiro lungo, partono da lontano e tardano ad arrivare. Li aspetti per mesi, e poi improvvisamente accelerano e te li trovi addosso. Un attimo prima che arrivino, però, quei giorni lì di solito rallentano appena e ti regalano un momento in cui realizzi tutto quello che sta accadendo, come se lo vedessi da fuori per la prima volta. Quel momento lì si chiama "vigilia".

Tiziano. Che nome di merda è? O fai il pittore o ti tocca cambiarlo. Tiziano, si chiama il fidanzato di Eva. Quando ho aperto la porta erano avvinghiati l'uno all'altra che quasi mi cadono addosso. Lui è magro magro con la barba incolta e gli occhiali con la montatura nera che gli danno subito un'aria snob. Eva non si è nemmeno accorta dei miei occhi gonfi praticamente finché non glieli ho fatti notare! Non volevo starmene da solo ma appena questi due sono entrati in casa mi sono pentito di avergli aperto la porta. Ho preparato una pasta, che come al solito è insipida visto che mi dimentico sempre il sale, un'insalata e poi ho provato a fare il tiramisù con la ricetta di mia madre. Fa talmente schifo che se fosse stato questo il primo tiramisù mangiato dopo l'amnesia non ne avrei mai più toccato uno. Eva e Tiziano però sembra proprio che non se ne accorgano. Potrebbero mangiare merda e la ingurgiterebbero senza battere ciglio. Non fanno altro che guardarsi, dire cose che capiscono solo loro e ridere. Che schifo. Sembrano due decerebrati! Spero proprio di non trovarmici mai in questa situazione! Davvero con Elisabetta l'ho proprio scampata. Pensa se lei si innamorava di me e cominciava a strusciarmisi addosso come sta facendo Eva con Tiziano. Be', quanto meno non mi avrebbe riempito di sudore come lei con lui! Elisabetta è sicuramente liscia e asciutta. Oddio meglio non pensarci. Meglio così. Meglio starsene soli. Ho deciso: li mando via. Faccio come al ristorante, comincio a lavare i piatti e 'sti due capiranno che si chiude.

Oh! Com'è che qui non cambia niente? Ero convinto che una volta da solo sarei stato meglio. Invece Eva e il suo fidanzato se ne sono andati da un'ora ma io sto peggio di prima. Mi pulsano gli occhi, scotto come un bollitore e ho lo stomaco strizzato. Ma non è dissenteria questa volta. Non ho toccato cibo. Non ho fame, vorrei dormire ma non ci riesco. Faccio delle cose per cercare di tenermi impegnato ma niente, penso solo a lei, al suo viso, al modo in cui piega la testa quando ride. Sto male. Cazzo, sto male per la prima volta! Ma male davvero.

"Se fa male vuol dire che fa bene", questo è stato uno degli insegnamenti che mia nonna mi ha ripetuto quando sono stato a Romentino. Sicuramente me lo aveva detto già quando ero piccolo, ma io non me lo ricordavo più. "Se fa male vuol dire che fa bene" lo dice quando disinfetta una ferita e la ferita brucia. Ma qui vorrei capire quale bene può fare questo male. Che poi non capisco nemmeno esattamente dov'è il male. Ho gli occhi neri e mi fa male lì, mi fanno male gli occhi. Ho mal di gola e mi fa male lì, la gola. Ho mal di denti e... insomma ci siamo capiti!

"Stare male" invece è un concetto talmente generico che non riesci a localizzarlo. Sì, lo stomaco è contratto ma non è solo quello, mi sento debole ma non è nemmeno quello. È più che altro un malessere, ecco cosa, un dolore dell'essere, che ti spinge a voler non essere. Mamma mia, mi sto trasformando nel Platone dei poveri. Inutile girarci intorno, sto male e non so perché. In fondo Elisabetta è un incanto, la amo, ma praticamente non la conosco, le ho giusto servito una camomilla e regalato una palma che manco ha guardato! Perché? Ho provato a mangiare un po' di tiramisù per mettermi qualcosa nello stomaco ma niente, non va proprio giù. C'è da dire che fa veramente schifo. Ho visto un documentario sulle oche e credo che la storia dell'imprinting valga anche per il tiramisù. La prima cosa che ho mangiato il giorno dell'amnesia è stato il tiramisù di mia madre e ora riconosco solo quello come unico tiramisù degno di 'sto nome. Se fosse così anche per le persone non potremmo che innamorarci solo di nostra madre. La prima donna che vedi, quella che amerai per sempre. Che poi forse è proprio così. Alla fine tua madre è sempre lì. Magari passa la Margherita o l'Elisabetta di turno che ti trattano come uno straccio ma lei c'è. È tua madre! La chiamo, ora è lei l'unica che mi può aiutare. Lei c'è sempre: è la mamma.

"Vodafone: il cliente da lei chiamato non è al momento raggiungibile."

Be', fortuna che la mamma c'è sempre. Adesso cosa faccio? Mia mamma non è al momento raggiungibile, Eva sta con l'intellettuale, Claudio è in pizzeria. La portinaia! No, manca solo che si metta a piangere e 'sta volta la mando a cagare.

Squilla il cellulare.

«Pronto.»

«Tesoro scusa ma ogni tanto qui a casa il cellulare non prende, mi hai chiamato?»

«Mamma tu la conosci Elisabetta Canalis?»

«La soubrette?»

«La?»

«Soubrette, la velina, la show girl.»

«Non stiamo più insieme.»

«Matteo eri fidanzato con la Canalis?»

«Be' no, fidanzato no, siamo stati un po' insieme una sera in pizzeria e davanti al portone di casa sua.»

«E come stai?»
«Di merda.»
«Ma sei anche raffreddato?»
«Ho l'influenza e due occhi neri.»
«E chi te li ha fatti?»
«Uno la vasca e l'altro un'amico di Elisabetta.»
«Tesoro vieni a casa, ti fermi qui qualche giorno e ti rimetti in sesto.»
«Ma mamma io sono a casa.»
«Mannò! Dico qui a casa da me, quella vera.»
«E se Elisabetta cambia idea, viene a cercarmi e non mi trova?»
«Amore se non ti trova ti telefona.»
«E se poi il cellulare non prende?»
«Matteo vieni a casa.»

29

Che in fondo a tutti piace essere protagonisti di una storia. Tutti in fondo vorrebbero essere gli inventori della propria. A volte però ci sono storie che non ti riguardano, che sono belle, ma non ti riguardano. In quei casi non puoi fare altro che sederti in poltrona ed essere spettatore, sperando che quella storia sia la storia più bella che ti abbiano mai raccontato.

È un'ora che sono sdraiato con due bistecche crude sugli occhi per il gonfiore, e ogni venti minuti mia mamma mi misura la temperatura. La mia cameretta è la cosa più pacchiana che abbia visto da quando ho perso la memoria, però mi sento già meglio. Mia mamma mi ha fatto prendere le medicine del medico e preparato tre spremute d'arancia. Le stesse cose che avevo fatto io ma, non capisco perché, le sue funzionano. Dice che stasera mi prepara il tiramisù, me ne fa una teglia grande così poi me lo posso portare a casa.

È strano perché fa le stesse cose che fanno tutti, ma le fa meglio. Anzi no, non è che le faccia meglio, è che le fa in un modo che è il suo. Ha cucinato un risotto bianco che era buonissimo, ma era solo un riso in bianco. L'ho guardata mentre lo preparava, i passaggi erano gli stessi che ho usato io ma questo risotto è squisito. Conosce a memoria ogni angolo della cucina, io per cercare un cucchiaio in casa mia apro almeno tre cassetti, lei invece potrebbe essere bendata e riuscirebbe a preparare una cena per dieci persone. Il suo modo di muovere le mani mi dà serenità. Gli oggetti sembrano stare comodi tra le sue dita. Riesce a picchiare violentemente il pestacarne su una bistecca e cinque secondi dopo rompere con garbo un uovo. Quando mi poggia la mano sulla fronte per sentire se sono caldo sembra che quel gesto possa essere fatto solo così, nel suo modo e in nessun altro. La mia mamma è la mia mamma perché il modo in cui fa tutto ciò che fa, per me è l'unico modo in cui va fatto.

30

Guardo fuori dalla finestra l'autunno che colora la città col suo marroncino chiaro. È da due giorni che il vento freddo spazza le strade dalle foglie che si erano stufate di stare sugli alberi. Sono le cinque di pomeriggio e il sole è già andato a illuminare l'altra parte della terra. È il primo autunno che vedo da quando ho perso la memoria e devo dire che mi piace proprio. È vero che finora ho visto solo un pezzo d'estate, però questa cosa delle foglie che cadono, di tutto che sembra morire di una morte apparente, del buio che arriva sempre prima, non so, mi sembra che ben si addica allo stato in cui sono. L'unica cosa che spero è che prima o poi arrivi la primavera e che insieme alla natura, torni a rifiorire pure io. Però, intanto, mi godo questo letargo involontario. Sono ormai venti giorni che praticamente non esco di casa. La spesa continua a portarmela mia madre, un po' come fanno con le arance le madri dei carcerati. Eva è sparita. Mi telefona ogni tanto per raccontarmi come Tiziano sia l'uomo più bello del mondo. Insomma, sono circa tre settimane che non mi succede niente. Ed è la prima volta che capita da quando ho perso la memoria. Mi ero quasi abituato al fatto che ogni giorno ci fosse una novità. E invece la vita è fatta anche di giornate che vanno via così, senza che nulla succeda.

Poi suona il telefonino.
«Pronto?»
«Matteo!»
«Eh.»
«Sono Ivano.»
«Ciao Ivano.»
«Ma stavi dormendo?»
«No.»
«Ah, è che hai una voce...»
«Scusa, è che sono dieci giorni che non parlo e...»
«Senti, c'è uno che è interessato alla tua barca. Io gliel'ho già fatta vedere e sembra che gli interessi. Se vieni giù domani vi incontrate così magari gliela fai provare. O sennò se vuoi lo porto fuori io.»
«...»
«Matteo ci sei?»
«Sì, sì, son qui. È che... ma dove?»
«Cosa dove?»
«Dov'è la barca.»
«Ma che sei impazzito!?»
«No, è che... poi ti spiego. Dimmi dov'è la barca.»
«Matteo sono Ivano! Quello che ti tiene la barca qui a Genova. Ma che hai?»
«Niente, niente. Quindi è nel porto di Genova?»
«Sì, Matteo. Dove vuoi che sia?»
«Va bene. Quand'è che devo venire?»
«Te l'ho detto, domani. O se vuoi anche dopodomani. L'acquirente è qui fino a giovedì.»
«No, no. Va bene domani.»
«Okay. Ma stai bene?»
«Sì, sì. Ci vediamo domani.»
«Ciao.»

Mi sembrava strano che ci fossero tutte quelle foto di me in barca e non una barca. E invece c'è anche una barca e finalmente anche qualcosa da fare. Non ne potevo più di stare su quel divano. Tra l'altro devo far lavare le fodere, che tra le briciole e l'unto della testa sul bracciolo l'ho ridotto un cesso. Non mi ricordo se l'ho già detto, comunque stare senza fare niente non si può stare. Se non fai niente pensi. Non dico che pensare sia dannoso, anche se un po' lo penso, però credo sia meglio pensare facendo le cose. Tipo se pulisci la casa, intanto pensi. E quando hai finito di pulire, oltre ad aver pensato hai anche la casa pulita. E la sera sei soddisfatto di te. Ma sei soddisfatto di te perché hai pulito, non perché hai pensato. Il pensiero fine a se stesso, secondo me, non serve a niente. Anche adesso, no? Io sto pensando queste cose, ma intanto sto anche andando a Genova. E stasera, forse, sarò un uomo migliore per quello che ho pensato, ma sarò anche a Genova. Insomma, il discorso mi sembra abbastanza chiaro. Eppoi sto guidando! Cazzo è la prima volta che guido da quando ho perso la memoria. Devo dire che mi piace proprio. E tra un po' vedrò il mare. Che secondo me è la cosa più bella che c'è.

31

Mi piacciono le strade. Tutte le strade. Quelle sterrate e quelle asfaltate. Quelle frequentate e quelle deserte. Mi piace addirittura fotografarle in prossimità delle curve. E non credo che la strada sia bella perché è una metafora del viaggio ed è più importante il viaggio della meta, no no, penso che sia bella perché anche se prendi quella sbagliata, la strada ti porta sempre da qualche parte.

Probabilmente questa autostrada non era proprio la prima strada da fare la prima volta che ri-guidi un'auto. È stretta e piena di curve. La cosa strana delle curve è che vedi l'inizio ma non la fine, e quindi non sai mai quando devi raddrizzare il volante. Le gallerie invece mi piacciono. Non so se dovrebbero farmi un altro effetto, ma sembra che ti accompagnino dove devi andare. Quando è all'aperto e libera, la strada non è solo la strada, ha il cielo, i campi, le montagne tutt'intorno. E tu devi proseguire perché stai guidando a cento all'ora, però magari vorresti vedere meglio le cose: il tetto di una casa, o una pianta gigantesca. Insomma, all'aperto la strada ti fa venire voglia di rallentare, di fermarti, di arrivare magari un po' più tardi dove stai andando. Nella galleria invece le macchine ci scorrono fluide come l'acqua in un tubo. Il fondo della galleria sembra attirarti, sembra dirti: "Per di qua, avanti". E poi la strada all'aperto è prevedibile, in lontananza vedi già quello a cui ti stai avvicinando e lo metti a fuoco piano piano, la fine delle gallerie invece riserva sempre una sorpresa, anche se non credo che alla fine di tutte le gallerie del mondo si trovino sorprese come quella che ti appare qui sulla Milano-Genova. Quando il soffitto a semicerchio finisce di colpo e l'orizzonte ti arriva addosso ed è blu, ed è liscio, ed è d'acqua.

Vista dall'autostrada Genova sembra dirti di andartene. Che non vale la pena fermarti qui se i panni stesi si anneriscono per i gas di scarico e i balconi sfiorano le auto sui viadotti. Poi invece quando ci entri è un'altra cosa. Probabilmente vale per tutte le città di mare, questo non lo so perché è la prima volta che ne visito una, ma il fatto di avere da un lato il mare ti dà tranquillità. Sai che se ti perdi lì a destra o a sinistra c'è un confine d'acqua oltre il quale non si va. Parcheggio vicino al porto. Apro la portiera e annuso questa città che sa di umido e nafta. Chiedo indicazioni per il porto turistico e un tizio piccolo e grinzoso mi canta una risposta che non capisco. Pochi metri dopo chiedo a un pescatore che scioglie i nodi a delle reti arancioni. Indica con un dito un punto dall'altra parte del porto accompagnando il gesto con tre parole. Più che un dialetto, il genovese sembra una lingua vera e propria tanto è melodica e difficile da comprendere. Sono ancora fermo a guardare il punto che mi ha indicato il pescatore, lui intanto sale sulla sua barca in legno e con un gesto inconfondibile, senza dire una parola mi propone un passaggio per raggiungere l'altro lato del porto. Lo ringrazio e salgo, e mentre il motore diesel comincia a bofonchiare io guardo la città. Genova è diffidente, sembra darti le spalle, non tutte e due, non tutta la schiena, è come di tre quarti e ti osserva di sottecchi, per guardarla in faccia ci devi andare vicino, appoggiare una mano alla spalla e chiederle di girarsi; o forse no, forse dà quest'impressione solo perché è aggrappata alle montagne e se lascia la presa per voltarsi ha paura di scivolare in mare.

Le barche sono tutte in fila, schiacciate l'una contro l'altra. Gli alberi appaiono troppo alti per gli scafi. Sono bianche e sembrano tutte uguali. Il nome è scritto di dietro, sulla poppa. Ho segnato il nome della mia su un foglio che tengo in tasca e che aspetto a tirare fuori, voglio vedere se la riconosco. Le scorro lentamente fino a che non vedo un cartello sbiadito con la scritta VENDESI. Eccola qui: OBLOMOV, l'*Oblomov*, giusto, ecco come si chiama! «La *Oblomov*» mi corregge una voce alle spalle. «Le barche hanno sempre un nome da donna, è una barca giusto? Non un barco!» «Giusto.» «È un peccato che tu la stia lasciando marcire in quel modo, è una gran barca e tuo padre la teneva come una figlia!» mentre me lo dice sale sulla barca con una cassetta degli attrezzi e sparisce sottocoperta.

Oblomov, che nome assurdo. Dev'essere tedesco o russo. Tanto per cambiare la barca è bianca con una striscia azzurra. Faccio un salto e ci salgo. Ci cammino sopra tenendomi aggrappato a tutto ciò che è sporgente, ma non ne ho bisogno. Il mio corpo non perde l'equilibrio e mentre mi guardo in giro la mia testa comincia a fare osservazioni: lo strallo è molle, la barra del timone è piegata, le sartie sono troppo tesate e alla randa mancano le borose per le mani di terzaroli. Perfetto, non so che cosa ho pensato ma so cosa significa. «Non ho mai capito come mai ci sia voluto tanto tempo per venderla.» Ivano mi guarda da dietro un paio di occhiali da saldatore. È seduto sulla barca affianco e sta armeggiando con cavi e piastre d'acciaio. Il suo sguardo è severo ma gentile e mi dà conforto. «Io non sapevo nemmeno che fosse in vendita» gli rispondo. «A dire il vero non sapevo nemmeno di avere una barca.» Lui mi guarda incuriosito. «Be', alla fine l'importante è che hai trovato un acquirente, no?» Io carico la mia borsa in barca e gli rispondo: «Forse no, forse non lo cerco nemmeno più».

32

Chissà perché il centro storico delle città è sempre fatto di viuzze strette con i palazzi alti. Che poi al momento, oltre a questo, di centri storici ho visto solo quelli di Milano e Roma e sto già generalizzando, ma d'altra parte la tentazione di generalizzare è sempre fortissima. Vedi due cose e sei convinto di averne viste mille e di poter esprimere pareri e giudizi. Comunque i caruggi di Genova sono proprio così. C'è odore di casa in questi vicoli, sanno di brodo, detergente e pattumiera, perché l'immondizia è tutto quello che ci rimane quando abbiamo finito tutto, e ci appartiene più di quanto immaginiamo. Detto così sembra uno slogan ecologista ma è vero, e mi piace sentire nell'aria un po' di questo odore, sa di vita che vive e si sposa bene con il rumore dei motorini, o le voci delle mamme che chiamano i loro figli. Mischiato tra gli altri, annuso un odore caldo e soffice. È simile a quello che esce dal forno a legna della pizzeria, ma più dolce; l'aria ne è così densa che sembra di poterla afferrare con le mani e palparne la consistenza. Arriva da una bottega con la serranda abbassata a metà, ma aperta dal momento che è piena di gente. All'interno ben ordinati su scaffali d'alluminio pieni di farina: panini, cornetti, pizze e focacce. Non sono mai stato in una gioielleria ma questi panini sembrano preziosi, e vorrei assaggiare tutto.

Ma c'è troppa roba e quando sento «Che cosa le do?», capisco che il mio tempo è scaduto. Devo pensare al volo una cosa, tra pagnotte con le olive, krapfen alla crema e pizzette, una sola, subito. «Signore, mi dica.» «Un pezzo di quella.» Lo dico sicuro, come se fossi entrato per prendere proprio quel pezzo di focaccia, nient'altro se non quel pezzo di focaccia dorata, piena di buchi, di gobbe e grondante d'olio.

Ora non vorrei sembrare un imbecille che trova una cosa che gli piace e poi mangia solo quella per giorni. Mia madre mi ha detto: «Con 'sta storia che mangi solo pizzette sembri un bambino». Ecco, allora a costo di sembrare un bambino! La focaccia è la cosa più buona che ci sia: è nutriente, è saporita, è semplice da preparare e da trasportare. Adesso ad esempio sto passeggiando e posso mangiarla senza dovermi portare dietro piatti o posate. Ecco, questa è un'altra cosa di cui mi sono accorto dal giorno dell'amnesia. Se mi piace una cosa e la voglio, non faccio altro che cercare giustificazioni per poterla avere! Ho letto che i dépliant informativi delle automobili sono utilizzati, più che prima dell'acquisto, per informarsi sulle caratteristiche dell'auto, soprattutto dopo averla comprata, per avere conferma di quanto è bella la tua nuova macchina. A me la macchina non interessa, ma ora che ci rifletto mentre la guardo ormeggiata, avere una barca è proprio una bella cosa. Ci puoi passare le vacanze senza spendere soldi per l'albergo, la puoi noleggiare e guadagnarci, o che so, se il livello del mare sale per lo scioglimento dei ghiacci, tu sei a posto, hai una casa galleggiante. Eccomi qui. Visto? Lo sto facendo. Sto cercando una giustificazione al fatto che voglio tenermi la barca. E dire che è tutto molto più semplice. Basterebbe guardarmi allo specchio e dirmi: "Matteo ti piace la barca?". "Sì." "La vuoi usare?" "Sì." "Vuoi ancora venderla?" "No! Non più."

L'acquirente della mia barca è un signore piemontese, lo riconosco dall'accento e dal tono garbatamente circospetto che usa mentre fa domande tecniche su vele, scafo e motore. Ivano lo sta portando sottocoperta per mostrargli le cabine. Tra poco usciranno e lui mi chiederà se il prezzo è conciliabile. No, non "conciliabile", come si dice quando il prezzo può abbassarsi? Trattabile! Mi chiederà se il prezzo è trattabile. Cosa gli dico: "No, non lo è perché non ha più un prezzo. Non la vendo più"? Devo trovare un modo gentile. Questo è venuto da Vercelli o Torino apposta! È strano come mi senta uno stronzo per il fatto di aver cambiato idea. E dire che è lecito cambiare idea, no? Uno può pensarla in un modo, poi valutare bene le cose e decidere che preferisce fare in un altro. Mi sembra comprensibile. E questo signore venuto dal Piemonte lo capirà e magari mi dirà: "Ha ragione. Nemmeno io avrei mai venduto una barca così, e soprattutto adesso che si stanno sciogliendo i ghiacciai...". No, questo non me lo dirà. È come se avessi fatto una promessa che non posso mantenere. Potrei dire che mi serve per un lavoro che devo fare. No non voglio dire cazzate, gli dirò la verità. "Mi spiace signor acquirente, ma ho cambiato idea. Non la vendo più", farò così. E adesso che sta scendendo dalla passerella accompagnato da Ivano e mi viene incontro sorridendo mi sembra quasi che si aspetti proprio questa mia decisione, questa mia frase. «Come non la vende più? E cosa ci sono venuto a fare fino a qui? Sono venuto da Cuneo apposta.» No, non l'ha presa bene. Provo col tono amichevole: «Cosa posso fare, posso offrirle un caffè?». «Altro che caffè, lei mi rimborsa le spese di viaggio e il pranzo.»

Ivano sta sorridendo mentre guardiamo andar via il cuneese con il suo rimborso spese. «Cos'è, ti hanno fatto un'offerta migliore?» mi domanda. «No, è proprio che me la tengo Ivano.» Lui mi guarda sornione. È da quando l'ho sentito al telefono che non ho capito se quest'uomo non sa della mia amnesia ma non chiede oppure sa tutto e mi sta pigliando per il culo. «E non solo me la tengo Ivano, ma ho intenzione di farmi pure un bel giro. Di che lavori ha bisogno per essere pronta per navigare?» Ivano guarda la barca: «C'è da fare chiglia, cambiare sartie, boma, dare l'antivegetativa e registrare il motore». «Basta?» «No, la vela ha un buco proprio nel mezzo.» «Come un buco?» gli chiedo. «E bisogna cambiarla?» «No» mi risponde allontanandosi, «è sufficiente una bella toppa.»

33

Comunque avere i soldi è meglio che non averli. Questo, anche se ho perso la memoria, me lo ricordo. O, almeno, mi sembra di averlo capito. Non vorrei sembrar venale, non è quello. Però non credo di avere detto una cosa non vera. Sto andando a comprare le cose per mettere a posto la barca. Ho deciso che me la metto a posto io. Ho bisogno di qualcosa da fare. Di qualcosa che alla fine della giornata ti faccia dire: "Be', oggi ho fatto qualcosa". E poi mi piace questa città. Si sta bene. C'è un bel teporino e poi c'è il mare. E una città col mare, secondo me, è meglio di una città senza il mare. E a Genova il mare c'è. Di cos'è che stavo parlando prima? Ah, già, di soldi. Effettivamente non ci avevo mai pensato: in fondo io vivo in una casa che non è per niente male, ho una barca che non ho capito bene per quale motivo volevo vendere, e soprattutto non mi è mai mancato niente da quando ho avuto l'amnesia. Voglio dire, il problema dei soldi non me lo sono mai posto. E forse non me lo sono mai posto perché non ho mai avuto necessità di pormelo. Eppure vivo in una società che è fondata sul denaro. Forse dovrei andare in banca. Sto continuando a usare il bancomat, solo perché Eva mi ha fatto vedere come si usa. Però è chiaro che c'è qualcosa dietro. Nel senso che non è possibile che sia un gioco in cui si vince sempre. Devo ricordarmi di andare in banca. Domani ci vado.

Certo che il lavoro fisico è il lavoro migliore che ci sia. Anzi, no. Ho esagerato. Diciamo uno dei lavori migliori che ci siano. Sicuramente fare un lavoro che t'impegna il fisico è differente dal fare un lavoro che impegna la mente. Lo so che non sto dicendo niente di geniale, però stavo pensando a questo e quindi l'ho detto. E lo stavo pensando perché sto scartavetrando la mia barca. Sembro... non mi viene in mente cosa sembro, però è bello occuparsi seriamente di una cosa. È chiaro che è meglio occuparsi seriamente di qualcuno, però anche occuparsi seriamente di qualcosa non è male. Io in questo momento mi sto occupando seriamente della mia barca. Della mia barca che non sapevo nemmeno di avere. Ma visto che ce l'ho, me ne occupo. In fondo tutti hanno una passione. Chennesò, magari la mia era quella della barca. Anche se non credo, perché è veramente marcia. Ivano passa ogni tanto e mi dà consigli in genovese stretto. Ci sono anche due vecchietti che si sono fermati a guardare. Per il momento non hanno ancora detto niente, ma li vedo contrariati. Confabulano tra loro e ogni tanto fanno il gesto su come carteggiare correttamente. Mi è venuta sete. Mi volto verso i vecchietti che appena si accorgono di essere guardati fanno finta di niente. «Posso offrirvi da bere?» chiedo asciugandomi la fronte con la maglietta. Loro rimangono qualche secondo di gesso e poi, insieme, fanno di sì con la testa. Gente strana i genovesi. Però mi piacciono.

Se lo sapevo che esisteva la focaccia genovese, avrei mangiato solo quella. Credo sia in assoluto la cosa più buona che ci sia. Almeno tra le cose che ho scoperto fino a ora. Mario e Giovanni sono molto simpatici. Siamo al quarto bianchino e sono le undici del mattino. In faccia abbiamo il mare che se non ci fosse bisognerebbe inventarlo. Non so se è perché è la prima volta che lo vedo, però il mare è una cosa meravigliosa. È che adesso fa freddo, sennò sai che bello fare un bagno? Ho provato a concentrarmi, ma cosa voglia dire fare un bagno nel mare, proprio non me lo ricordo. Be', comunque, Mario e Giovanni, dicevo. Praticamente sono una coppia. Mi hanno spiegato che si vedono tutte le mattine. Vanno a fare la spesa, fanno una passeggiata e poi pranzano insieme. Lo fanno da diciassette anni. Sono entrambi vedovi e credo si conoscano da una vita. Il bar è in riva al mare e tira un'arietta tiepida che...

«Pronto?»

«Sono io.»

«Sono in un posto bellissimo, Eva.»

«Ti dispiace smettere un secondo di parlare di te stesso e ascoltarmi? Devo dirti una cosa.»

«È successo qualcosa di grave?»

«Mi sposo, Matteo.»

«Ah ah ah.»

«Non sto scherzando, pirla. Mi sposo davvero. Vuoi farmi da testimone?»

«Eva, ma sei seria?»

«Sì. Mi sposo dopodomani con Tiziano.»

«Chiedo a Ivano di finire il lavoro. Anche perché mi sono già annoiato di scartavetrare.»

34

Tutte le cerimonie hanno qualcosa in comune. C'è sempre un gruppo di persone che si riunisce intorno a qualcosa. Ai matrimoni in particolare, tutti sembrano sempre felici, sorridenti e speranzosi. Mi piacciono i matrimoni perché si mangia tanto e sono una buona scusa per vestirsi eleganti. Quello di Eva poi mi è piaciuto ancora di più perché è stato il mio primo matrimonio.

Mi sento bagnato. Sono infilato fino al collo nel sacco a pelo, ma mi sento come se mi avessero spruzzato con un nebulizzatore, di quelli che si usano per le piante d'appartamento. C'è talmente tanta umidità dentro a questa barca che sembra ci sia la nebbia. Il materasso è sottilissimo e il soffitto della cabina è a cinquanta centimetri dal mio naso. L'aria sa di gasolio e salmastro. Insomma, so che detto così sembra una merda e invece no. Ci sto bene qui. Sento le cime d'ormeggio delle altre barche cigolare e mi ricordano qualcosa. Mi ricordano il rumore che facevano le scarpe di cuoio di mio padre. Devo alzarmi, chiudere la barca, prendere la macchina e tornare a Milano per il matrimonio di Eva. L'abito ce l'ho, le scarpe anche, forse dovrei portare un regalo. Per forza devo portare un regalo, non solo sono invitato ma sono il testimone. Che poi a cosa serve il testimone? A dire: "Sì, io c'ero, loro due sono sposati davvero"? Ma perché? C'è mai qualcuno che si domanderà se due persone sono veramente sposate oppure no? Ma saran ben fatti loro! Che poi uno che ha perso la memoria può essere preso sul serio come testimone? Metti che mi ricapiti: "Eh no, scusate non so se sono sposati, manco so chi sono".

Eva arriva davanti alla chiesa a bordo di una limousine bianca tutta inclinata da una parte. Quindi non è colpa della sua Smart, è proprio la sua mole che inclinerebbe un transatlantico. Scende aiutata da suo papà, un signore bianco di capelli così piccolo che lei potrebbe esserne la custodia. Sono tutti attorno all'auto a fare foto e riempirla di complimenti. Lo fanno tutti e quindi lo faccio pure io: «Eva sei incantevole!». Lei mi sorride e mi dice: «Matteo, ma smettila per piacere!». Tiziano la aspetta davanti all'altare. Ha la solita faccia da pirla ma sembra contento. Anche gli invitati sembrano contenti a guardarli velocemente. Invece no. Non sono contenti. Hanno tutti volti sorridenti ma annoiati. Non hanno voglia di stare qui, è così evidente che mi sento quasi in imbarazzo. Eva è raggiante e, in qualche modo, è bella oggi. È la cicciona di sempre ma ha intorno qualcosa che la rende unica. È la sua festa e se la gode, forse è semplicemente questo. Il prete attacca il sermone. Sembra un imbonitore, un presentatore di quelle televisioni locali. Agita le mani, fa riferimenti a personaggi dello spettacolo e chiede l'applauso della folla, o meglio degli invitati, e loro non si fanno pregare. Il prete cita il Vangelo dicendo «beato il marito di una donna virtuosa» e guarda Eva con aria di rimprovero, poi parla della splendida giornata e di quanto sia giusto essere felici della felicità degli sposi. Forse sta tutto qui: si può veramente essere felici della felicità altrui oppure la felicità degli altri provoca sempre una piccola sofferenza a noi che la osserviamo? Ho la sensazione che gli invitati sorridano nella speranza che questi due stiano insieme per tutta la vita, ma allo stesso tempo si augurino che il matrimonio fallisca per poter archiviare questa pratica con un: «Eh, tutte le coppie prima o poi scoppiano».

Tiziano sta infilando l'anello a Eva facendo una gran fatica. Le sue dita sono proporzionate al resto del corpo e quindi temo che quel ditone non si infilerà mai in quell'anellino. Chissà perché due anelli? È chiaro che sono un simbolo, ma perché non due bracciali, o due orecchini, o un tatuaggio che è indelebile? In fondo il prete ha appena detto «finché morte non vi separi». Certo che vista da qui è lunga. Che poi magari uno muore domani, chi lo sa, però pensare di dividere la propria vita con un'altra persona per tutta la vita è... lunga! Perché? Perché un uomo e una donna si sposano? Che poi questa è solo la fine del percorso, ma partendo da prima, perché si cercano, si prendono, si lasciano, si riprendono? Noi nasciamo da soli no? Se ci fosse stato l'obbligo di stare in coppia magari ci avrebbero fatto nascere insieme a un altro o contemporaneamente a un altro così era facile: tu e tu, insieme. Stare da soli è veramente impossibile? Quando il primo uomo e la prima donna si sono baciati? Ecco! Il primo bacio della storia dei baci, è stato solo per attrazione fisica? Mettiamo pure che i due si siano guardati e si siano piaciuti, va bene. Ma poi com'è che diventa una cosa duratura? "Finché morte non vi separi." E poi perché dirlo davanti a tutti? Fai una promessa alla persona che ami davanti a tutti e quindi la promessa la fai anche a loro? Ma chettenefrega che loro lo sappiano? È una cosa privata. L'amore dico. È una cosa enorme ma che non si vede. La senti dentro. Sì forse se ti si chiude lo stomaco e inizi a non mangiare, dimagrisci e ti si vede anche in faccia... altrimenti l'amore è una cosa segreta, che non chiede di essere autorizzato o sancito da nessuno. Siamo in due ed è sufficiente che ce lo diciamo io e te, e anzi se lo sappiamo solo noi è ancora più prezioso. No, io non credo che lo dirò a tutti. Credo che lo dirò solo a lei. Guardo Eva e Tiziano che si baciano e penso che non avevo mai pensato all'amore. Non così. Penso che se ho capito delle cose è anche per merito loro in fondo, per merito di queste nozze, e allora forse mi piacciono già un po' di più. Penso che se vedere due persone che si sposano ti fa sentire cos'è l'amore, allora spero di vedere più matrimoni possibile.

35

C'è una cosa che mi domando da che mi ricordo: perché ci piacciono determinate cose invece che altre, e soprattutto perché le cose che non ci piacciono oggi ci piacciono magari fra tre o quattro anni? L'abbigliamento ad esempio. Quando apriamo l'armadio e troviamo giacche e maglioni di dieci anni fa, quegli abiti sembrano sì appartenere a un'altra epoca, ma soprattutto a un'altra persona.

Certo che fare la valigia senza avere cose da metterci dentro è un bel casino. Nel senso che ho solo vestiti orrendi. Di come l'amnesia abbia cambiato radicalmente i miei gusti in fatto di abbigliamento è una cosa della quale parlerò un'altra volta. Anzi no, ne parlo adesso. Nel senso che anche se l'abito non fa il monaco, andare in giro vestiti da idioti è meglio non farlo. Chissà cosa determina il gusto nel modo di vestirsi. Voglio dire, perché certe persone vanno in giro vestite in un modo e altre in un altro? Da cosa dipende? Dal lavoro che fai? Da quanti soldi hai? Da come ti vestivano da piccolo? Da qualcosa dipenderà, no? Io ad esempio non me lo ricordo come mi vestivano da piccolo. Però so che i pantaloni alla zuava non mi piacciono. È vero... i pantaloni alla zuava. Ne avevo un paio verdi quando ero piccolo. Mi ricordo che non li volevo mai mettere perché mi pungevano. Mi guardo allo specchio che sta dentro l'antina dell'armadio: sembro uno skipper. Perché sono vestito così? Forse davvero mi piaceva andare in barca. E allora perché la volevo vendere? Vabbe' basta con questo amarcord. Devo farmi la valigia e l'armadio è pieno di vestiti orrendi. Vado a comprarmi delle cose. Anzi, prima vado in banca. Sto continuando a spendere senza sapere quanti soldi ho.

Novantasettemila euro. Questo è il mio estratto conto. Cammino per la strada con in mano la ricevuta che mi ha dato l'impiegato della banca. E sorrido. Da dove arrivino questi soldi è un problema che non ho voglia di pormi. Almeno non adesso. Ora penso al fatto che per un po' di tempo non avrò problemi di soldi. E questo non è poco. Penso al fatto che domani partirò per Genova, finirò di mettere a posto la mia barca e appena sarà pronta me ne andrò a fare un giro in mezzo al mare. Penso al fatto che devo chiamare Claudio e dirgli che a lavorare in pizzeria non ci vado più. Ma questo è il minore dei problemi. È una persona intelligente e poi mi vuole bene. Lo so che sono fortunato. Che scoprire di avere novantasettemila euro è meglio che scoprire di avere un mutuo di trent'anni. Però questa è la mia condizione attuale. Quindi ora vado a comprarmi dei vestiti e poi me ne vado a Genova. Non credo di scappare dalle responsabilità. Penso anzi che se mi è successa tutta 'sta cosa un motivo ci sarà. E se mi prendo un periodo di pausa rispetto al vivere come si dovrebbe, forse è giusto. Tanto, voglio dire: ho trentadue anni, più o meno due mesi fa ho perso la memoria e ho novantasettemila euro in banca. Potrò prendermi un po' di tempo per fare quello che ho voglia di fare? E che sarà mai?! Che poi secondo me queste cose ti vengono perché sei sotto stress. Quindi riposiamoci, che è meglio.

Eccoci qui. La valigia è pronta. Ho scoperto che fare shopping è una cosa che non mi piace per niente. Mi annoia. Alla fine ho comprato sette camicie tutte uguali, sette pantaloni tutti uguali, sette paia di calze tutte uguali, sette boxer tutti uguali. Sembra la valigia del papa. Sono nel mio letto e penso a quanto è bella la sensazione che si prova il giorno prima di partire. Alla voglia che si ha di addormentarsi subito, perché non si vede l'ora che sia domani. Anche se la vita è una sola, ci sono ore che vorresti passassero velocissime. Ore inutili. Come quando sei in fila e aspetti che venga il tuo turno. Pensandoci meglio mi rendo conto che è la stessa sensazione che hanno i depressi: anche loro dormono sempre perché non vedono l'ora che il giorno passi. Solo che io sono contento, loro no. Chissà se quando stai per morire poi te ne penti di tutte le ore che hai buttato via. Secondo me sì. Basta pensare. Spengo la luce e aspetto che Morfeo mi stringa tra le sue braccia.

36

Ci sono decisioni che prendi in maniera molto meditata, prendendoti del tempo e vagliando tutte le possibilità. Ce ne sono altre che si prendono al volo senza pensarci. A volte poi uno prende decisioni che non si immaginava nemmeno di prendere per il fatto che prima di trovarsele davanti non erano nemmeno un'opzione possibile.

C'è un baffo di vernice blu grande quanto un'unghia proprio sotto la seconda O della scritta OBLOMOV. È minuscolo, eppure è la prima cosa che noto. È veramente assurdo: la barca è candida come la neve, ha tutte le cime nuove, è talmente luccicante e tonda che sembra saporita. Ricorda uno spumone di meringa, viene quasi voglia di addentare lo scafo. Insomma, è perfetta, e la prima cosa che mi salta agli occhi è quella piccola imprecisione. Sta a vedere che sono un perfezionista. Non sopporterei l'idea di essere uno di quei pignoli che non accetta mai il minimo errore. No, forse no, probabilmente è normale. È normale che un'imperfezione per quanto piccola attiri l'attenzione più di tutto il resto, anche se il resto è bellissimo. È come una piccola cicatrice sotto l'occhio di un bel viso, per quanto splendido sia il viso la prima cosa che vedi è la pelle segnata dal taglio, poi allarghi lo sguardo e noti quanto è bella tutta la faccia, anzi forse adesso che lo hai visto attorno alla cicatrice, il viso ti sembra ancora più bello. E anche la mia barca ora che la vedo tutta intera attorno a quel piccolo baffo di vernice blu mi sembra perfetta e bellissima. «E tu che la volevi vendere!» sento una voce alle mie spalle. Ivano sorride guardando la barca. Ha in mano un tubo bianco, è un cilindro di carta, sono le mappe, le carte nautiche arrotolate su se stesse.

Ivano mi lancia la cima di ormeggio che ha sciolto e mi urla: «Libero!». Mi piace quest'uomo che parla poco e dà sicurezza. Me la dà anche ora che ho spinto in avanti la leva del motore e lentamente la barca comincia a muoversi scivolando tra le due di fianco. Mi volto, osservo lo spazio vuoto lasciato libero dalla mia barca in mezzo alle altre. Mi sembra strettissimo e mi domando come potesse starci là dentro. È come un'impronta che non calza sul tuo piede. Quando ero piccolo e a Romentino nevicava passavo ore a guardare le impronte dei miei doposcì e a ripercorrerle tentando di non lasciarne altre facendo avanti e indietro sui miei stessi passi. Non volevo lasciare nemmeno una sbavatura, la posizione del piede doveva combaciare esattamente con l'orma nella neve. E ogni volta che lo stavo per appoggiare ero pronto a scommettere che non ce l'avrei fatta, che il mio piede sarebbe stato più grosso dell'impronta e l'avrebbe sbavata. E mi veniva da sorridere quando il piede combaciava perfettamente con la traccia nella neve. Questo è forse il primo vero ricordo nitido che ho dall'8 settembre scorso.

Sono ancora voltato verso il vuoto lasciato dalla mia barca, quando mi giro e vedo una nave gigantesca passarmi a tre metri dalla prua. Forse i metri sono trenta o trecento ma a me sembrano pochissimi. Chiedo scusa al muro di container gialli, rossi e blu che mi stanno sfilando davanti lentamente. Sulla poppa leggo il nome e la provenienza: JOHANNESBURG. Quella nave arriva da Johannesburg, che non so dove sia ma suona lontanissimo. In teoria anche io potrei andarci. Chi me lo impedisce? Io ora potrei uscire dal porto e invece che farmi un semplice giro per provare la barca potrei andare a Johannesburg, o dove voglio! Purché sia sul mare ovviamente! Agli occhi di uno che mi guarda dalla banchina potrei benissimo partire per attraversare un oceano invece che per un'uscita di un paio d'ore. Cosa cambia? Come parte uno che parte per un viaggione invece che per un giretto? Cosa c'è di diverso? La prima mossa? La velocità con cui si muove? I vestiti? Lo sguardo? Il fanale d'uscita del porto mi sfila sulla destra e immediatamente il mare cambia. Le onde non sono alte ma schiaffeggiano lo scafo, che le asseconda e le lascia scivolare. Genova è dietro di me, sembra ordinata vista da qui. Tutta la costa, tutta la terra sembra ordinata. Vista da lontano sembra che si possa misurare, sembra che sia più comprensibile la terra vista dal mare. Le case, le strade, perfino le auto sono tutte al loro posto, quello giusto, l'unico in cui potrebbero stare. La terra vista da qui sembra così bella che quasi ti fa venire voglia di mantenere questa distanza, ti fa venire voglia di non tornarci. Ed effettivamente perché dovrei farlo? Ho una barca mia, ho tempo libero e ho tutta quest'acqua per me. Per adesso vento non c'è, ma arriverà. Io vado e magari quando torno la terra è bella anche vista da vicino.

«Pronto.»

«Ivano, sono Matteo. Senti, non aspettarmi. Io vado, non torno in porto stasera.»

«Bravo. Fai bene Matteo.»

«Farò rifornimento e spesa nel prossimo porto in cui mi fermo, al momento ho tutto quello che mi serve.»

«Matteo, per navigare servono tre cose: barca buona, equipaggio buono e tempo buono.»

«Grazie Ivano, terrò d'occhio i bollettini.»

«Il buon marinaio non può cambiare il tempo, Matteo, ma sa quando è il momento di cambiare rotta.»

37

Si è alzato un po' di vento. Non è tanto ma lo sento sul viso ed è come se mi aprisse un sorriso sulla faccia. Si dice sempre "il vento soffia da", cioè il vento lo si definisce in base alla direzione da cui arriva. Viene da sud, da ovest, ma non si pensa mai a dove va. È come se ci interessasse solo fino al momento in cui ci raggiunge e poi quando ci ha passati chissenefrega! Che poi effettivamente ha pure un senso dal momento che una cosa ti interessa quando ti è vicina e non quando si allontana. Tipo: se attraversi la strada mentre passa una macchina è quando ti si sta avvicinando che è pericolosa, non quando è passata. Però non è sempre vero, ad esempio una bella ragazza ti interessa quando arriva ma anche quando si allontana, dal momento che ti dispiace che stia andando via e ti domandi dove vada. Vabbe' sto divagando, il vento in questo momento arriva da là, da nord-ovest, si chiama maestrale questo vento. È strano come le nozioni mi tornino in mente quando ne ho bisogno: nord-ovest, maestrale. Finalmente posso alzare le vele. Tiro su la randa, la vela più grossa. Ha una toppa grande... non so quanti metri quadrati siano ma a occhio e croce è grande quanto il pavimento del mio bagno che non è un bagno enorme ma per una toppa è tanto. La vela comincia a sbattere facendo un rumore talmente forte che copre quello del motore, la regolo appena e si gonfia in un attimo facendo immediatamente aumentare la velocità della barca. Apro anche l'altra vela. Ora la barca assomiglia esattamente all'idea che si ha di una barca a vela: uno scafo e due triangoli bianchi. Ora finalmente posso spegnere il motore.

Il silenzio è come la salute. Lo apprezzi non quando c'è, ma quando ritorna. So che sembra una vaccata detta così, ma prima di spegnerlo il rumore del motore non mi dava nemmeno particolare fastidio, era normale, scontato che ci fosse. Adesso che invece il rumore del diesel non c'è più, il silenzio è talmente nitido che mi viene voglia di ascoltarlo. Che poi non è nemmeno silenzio silenzio, c'è lo sciabordio dell'acqua sullo scafo e quello del vento, però è diverso. Ci sono rumori che coprono il silenzio e altri che lo esaltano. Be', continuando a fare tutte 'ste riflessioni sono passate due ore da quando ho lasciato Genova e ho già fatto parecchia strada. Le vele sono gonfie, il vento mi spinge. È bellissimo. Non saprei spiegare bene il perché ma è bellissimo. Credo abbia a che fare con il movimento. Noi siamo abituati a muoverci, a piedi, in macchina, in Vespa, ma qui è diverso perché non sei tu a camminare ma non c'è nemmeno un motore che ti spinge. Ti muovono solo le cose che ci sono già, che ci sono sempre state e che nessuno ha costruito. Il vento e l'acqua. Mi viene quasi da scrivere una poesia, d'altra parte le scrivevo prima dell'amnesia, erano orribili ma le scrivevo. Meglio di no, non potrebbero che uscire parole tipo: la magia del vento, la grazia del mare, la forza della natura. Meglio di no. Potrei fare una foto. No, neanche quella. È come se non riuscissi a stare in quello che faccio, come se dovessi sempre produrre delle prove che quello che sto vivendo è una figata, magari per poi mostrarle agli altri. Basta: l'aria è fresca, il sole è alto, le vele gonfie e mi scappa la pipì.

Non proprio tutte le nozioni riaffiorano quando dovrebbero. Ho provato a pisciare fuori bordo ma non avevo calcolato la direzione del vento. Mi sono pisciato addosso, mi sono fermato subito ma ho comunque una bella chiazza sui pantaloni. Ora sono sottocoperta e sto collaudando il bagno. Stare qui sotto mentre la barca è in navigazione non è proprio piacevole, sembra di stare in una lavatrice. Mi siedo al tavolo da carteggio e apro le carte nautiche che mi ha dato Ivano. Erano di questa barca e le aveva portate a terra per evitare che marcissero. In alto a sinistra c'è scritto OBLOMOV. Ci metto un po' di tempo a decifrarle. La cosa più chiara è il profilo della costa. La Liguria, la Toscana e le isole. Il resto è pieno di righe fatte a matita che collegano dei punti. Anzi che partono da un punto e vanno a un altro. Lungo le linee ci sono un sacco di numerini anche loro a matita, indicano orari e rotte. Mi piacciono le mappe. Ti dicono dove sei. Anzi no, ti dicono com'è fatto il mondo intorno a te, quindi tocca a te capire dove sei messo e come muoverti. Sei tu che devi guardarti in giro e riconoscere le cose che ti stanno intorno. Sulle cartine tutto sembra a portata di mano, puoi arrivare ovunque, basta far scorrere il dito da dove sei a dove vuoi andare. E quanto ci vorrà? Un'ora, un giorno, un mese? Non importa, se lo vedi sulla carta e puoi spostare la punta del dito fino a là, ci puoi arrivare. Quindi: l'equipaggio sono io, la barca c'è, cosa manca di quello che aveva detto Ivano? Ah, giusto, il tempo. Devo sapere che tempo farà.

Non capisco se 'sta voce è vera o finta. È un uomo che legge le previsioni oppure è un disco? Vabbe' alla fine che sia vera o no non mi interessa, quello che mi interessa è che mi sta dicendo che tempo farà e io le credo, le devo credere.

38

La solitudine, in fondo, non è male. Secondo me, avere delle ore durante il giorno in cui sei solo e pensi ai fatti tuoi è fondamentale. Non solo per riflettere su ciò che hai fatto. Ma per immaginare quello che farai.

Certo che quelli che hanno vissuto prima di noi secondo me erano più intelligenti. Nel senso che oggi, noi, andiamo in giro con le macchine, i treni e gli aerei. Però andare in barca è molto più bello. Quasi meglio che andare a piedi. E infatti, quelli che vivevano prima di noi, andavano in giro in barca e a piedi. No, è vero, anche a cavallo. Che non deve essere male. Andare a cavallo, dico. Magari andavo anche a cavallo. No, vabbe', anche a cavallo no. Voglio dire: poeta, skipper, conduttore radiofonico e anche fantino? E chi ero!? Il principe di Romentino? No, dài, il cavallo no. Non mi piace neanche, il cavallo. Cioè, come animale sì. Però non credo che andassi anche a cavallo. Be', comunque, quello che volevo dire è che secondo me gli antichi avevano capito delle cose. Fare un viaggio in barca è più bello che fare un viaggio in aereo. Con tutto che anche con l'aereo è un bel modo di viaggiare. Ma stavo parlando della barca. Mamma mia come sono dispersivo oggi. Per esprimere un concetto neanche tanto complicato ci sto mettendo mezz'ora. Tra l'altro in questo momento non mi ricordo nemmeno più che cosa stavo dicendo. Un delfino!!! Ho appena visto un delfino! Caspita, era grosso. Vedi che roba? Mi sono appena ricordato che quel pesce lì era un delfino. Ma il delfino è un pesce o è un mammifero?

Mi sono ricordato di cosa stavo parlando. Degli antichi che stavano meglio di noi oggi. Avevano tutto. Chissà se erano stressati anche gli antichi. Magari sì. Sicuramente non dipendeva dai ritmi frenetici. Perché 'sta barca va veramente piano. Per carità, è bello, eh. Però sono altri ritmi. Il sole sta cominciando a calare. E il freddo a salire. Mollo il timone, tanto all'orizzonte non c'è nessuno, e scendo a prendere la giacca. Bello comunque che questa notte me la passo in barca. Cosa si farà? Voglio dire, ti fermi oppure vai avanti? In fondo si potrebbe anche andare avanti, tanto con le mappe e la bussola vai dove vuoi. Forse è meglio che vada avanti. Dormire in mezzo al mare mi inquieta. Lo so che sembrerebbe il posto più sicuro. Ma a me fa paura. Tanto se vado così tra cinque, sei ore sono alla Capraia. Poi mi fermo lì un paio di giorni e decido cosa fare. Esco in coperta e guardo il sole pucciarsi nel mare. E penso al fatto che sta andando a fare luce all'altra parte del mondo. Penso al fatto che il sole non si scarica mai. Voglio dire, da quanto tempo c'è il sole? Stiamo parlando di milioni di anni. Possibile che non si scarichi mai? Ho capito che è grande. Ma quanto cazzo grande sarà per bruciare da milioni di anni senza consumarsi? Be', comunque il sole è tramontato e io comincio la mia prima notte in mezzo al mare.

L'aria è frizzantina, ma quasi piacevole. Il nero della notte si confonde con il blu del mare e sopra la mia testa le stelle compaiono come se si fossero date un appuntamento. Respiro a pieni polmoni e mi dico che questa è probabilmente una nottata che non mi dimenticherò mai più. Penso che forse mi era già capitato di stare in mezzo al mare. Ma non me lo ricordo. E chissà quante cose belle ho già fatto nella mia vita e non me le ricordo. Perché se in tutta questa cosa dell'amnesia c'è tanto di bello, c'è anche parecchio di brutto. Perché, in fondo, noi siamo le cose che abbiamo fatto e le persone che abbiamo conosciuto. E io tutte le cose che ho fatto me le sono dimenticate, insieme a tutte le persone che ho conosciuto. E quello che mi fa più paura è che probabilmente non me le ricorderò mai più. Insieme allo stomaco che borbotta, sento anche qualcosa di caldo che mi scende sulle guance. Sto piangendo. È la prima volta che piango, da quando ho perso la memoria. E non so il perché. A volte le lacrime scendono come conseguenza di qualcosa che ci è successo, altre volte le lacrime precedono il motivo per cui si piange. Ed è quello che mi sta succedendo adesso. Lascio che il vento porti avanti la barca e scendo in cabina a mangiare qualcosa.

39

Devo averlo letto o sentito da qualche parte. È una delle solite metafore sul viaggio e sulla meta, questa però non è male e dice più o meno così: "Se non trovo ostacoli sul mio percorso perdo un sacco di opportunità, perché se sono obbligato a cambiare strada scopro che ce ne sono altre di cui addirittura ignoravo l'esistenza che hanno mete molto più interessanti".

Effettivamente mi sembrava strano che non avessero inventato un modo per far andare la barca da sola. E infatti un modo c'è. Si chiama pilota automatico. Praticamente tu schiacci un bottone che è collegato a una bussola e la barca segue quella rotta finché non lo rischiacci. Sennò sai che palle dover stare sempre al timone. E poi la notte ti dovresti fermare sempre. E per fermarsi ci vuole l'ancora. E se sei in mezzo al mare, dovrebbero fare delle ancore con delle catene lunghissime. Invece no. Giustamente, hanno inventato il pilota automatico. Così tu schiacci il bottone e puoi fare quello che vuoi. Tipo mangiare, dormire o prendere il sole. Non voglio ricominciare con la mia solita ossessione, però hanno inventato veramente tutto. Cioè, se volessi inventare qualcosa io, credo che passerei un sacco di tempo solo per pensare a cosa inventare. Ma non divaghiamo. Sono le sette del mattino e il sole è già lì a fare il suo dovere. Il mare è calmo e c'è un venticello leggero che mi spinge verso la meta. Certo che avere una meta è meglio che non averla. Sennò dove cazzo vai? Giri a vuoto. E io la mia meta ce l'ho. Si chiama Capraia. Una piccola isola che sta di fronte alla Toscana. Non so perché ho deciso di andare proprio lì. È che quando ho aperto le mappe per cercare una meta, tra tutte le cose che stavano a sud di Genova ho visto questa piccola isoletta con questo nome così... come dire... caprino, e mi è venuta voglia di andarci. C'era anche Montecristo che non mi dispiaceva. Come nome, dico. Ma sulla cartina non era segnato nemmeno un paese, e in tutta questa voglia di partire mi sono dimenticato di fare la spesa ed è da ieri che non mangio. In cambusa ho trovato solo una scatoletta di tonno al naturale e due bustine di camomilla. E ora sono qui. Seduto sul pontile che faccio colazione con tonno e camomilla, come un naufrago che non ha fatto naufragio. Cioè un idiota. Un idiota che si è dimenticato di fare la spesa.

È quasi mezzogiorno. Stando ai calcoli dovrebbero mancare più o meno tre ore e le palle mi si stanno crepando dalla noia. Forse dovrei cambiare il punto di vista. Nel senso che da quando ho perso la memoria, ho sempre sostenuto che il viaggio è inutile. O, meglio, che il tempo che ci vuole per andare da un posto a un altro è tempo buttato via. Be', forse mi sbagliavo. Non sono sicurissimo di ciò che sto dicendo, ma sto cercando di convincermi che sia così. Nel senso che se anziché pensare al fatto che mancano ancora tre ore per arrivare, io pensassi che stare qui è una bella cosa, forse mi passerebbe prima. Ah, ecco cos'è! Ho sbagliato anche prima, quando dicevo che avere una meta è fondamentale! Perché se viaggi senza una meta, la meta sono le cose che ti succedono mentre viaggi. Se ad esempio tu cammini e cammini senza meta, può essere che a un certo punto ti venga sete e allora entri in un bar per bere un'aranciata. E magari in quel bar incontri uno che ti chiede qualcosa. Tu gli rispondi e da lì inizia una chiacchierata. E scopri che quello che sta dicendo è davvero interessante. E ti viene da chiacchierare per l'intero pomeriggio con quella persona. Ci chiacchieri per l'intero pomeriggio perché tu non hai niente da fare. Perché non stavi andando in un posto. Non avevi una meta. E la tua meta è diventata quella persona che hai incontrato per caso. Se invece avessi avuto una meta, probabilmente non ti saresti fermato in quel bar. O se anche ti ci fossi fermato e lui ti avesse chiesto qualcosa, tu gli avresti risposto velocemente e poi te ne saresti andato. Perché tu dovevi andare in un posto. Avevi una meta. Tutto questo se cammini. Ma qui, in mezzo al mare, cosa cazzo vuoi che mi capiti?

Di ore ne sono passate altre due e ormai sono quasi all'ingresso del porto. Devo dire che pensavo mi sarei emozionato di più vedendo terra. E invece niente. Sarà che oggi sono un po' di cattivo umore, sarà che ho una fame che mi mangerei il gabbiano che mi sta seguendo, ma l'unica cosa che continuo ad avere è voglia di arrivare in porto. Certo di 'sto passo ci vorrà almeno un'altra ora. Quello che credo di aver imparato in questo primo giorno di navigazione è che in barca devi assolutamente avere: da mangiare, da bere, qualcosa da leggere e qualcuno con cui chiacchierare. Sennò è veramente finita. Che bello, però, arrivare in un porto. Credo che già tanti prima di me si siano sprecati in metafore su questo tema. Quindi non ne farò. Vado a schiacciare il bottone del pilota automatico, prendo il timone in mano e comincio a preparare la barca per l'ormeggio. È bella quest'isola. Speriamo ci sia un'Esselunga. Se c'è mi spendo tutti i novantasettemila euro che ho. Abbasso le vele e accendo il motore. Eccoci qui, cara Capraia. Il Caccia *est arrivé.*

40

Ci sono libri che leggi in un pomeriggio, altri che ci metti una vita e altri ancora che abbandoni dopo poche pagine. Ma ci sono anche i libri di ritorno, quelli che anni prima non avevi apprezzato e che oggi ti paiono dei capolavori. E poi ci sono i ritrovati, quei libri che ti eri dimenticato di avere e hai rischiato di ricomprare, e quei libri sono forse quelli che raccontano di più della parte di te che meno conosci.

È la seconda volta che faccio la spesa e temo che non sia così vero quello che si dice, che si impara sempre dai propri errori. Sono entrato nel negozietto di Capraia digiuno e come all'Esselunga ho comprato un mare di cose che probabilmente in barca non servono nemmeno. Non credo che mi metterò a fare il cotechino con le lenticchie, e la vaschetta di gelato mi sa che la dovrò mangiare subito dal momento che non c'è il freezer. Ora sto cercando di stivare tutta 'sta roba e sono convinto che non ci starà mai. La barca ha spazi molto ristretti e se sbagli a mettere via una cosa rischi di non trovare posto per altre tre. È come fare quotidianamente il bagagliaio della propria auto. Mio padre era bravissimo a fare il bagagliaio dell'auto. Riusciva a infilarci valigie e borse che mai avresti detto ci sarebbero entrate. Mi sembra di vederlo. Ormai i déjà vu non mi sorprendono più. Li guardo come la sequenza di un film che vedi in una TV con il segnale disturbato. La televisione è accesa ma è tutto bianco e senti solo un fruscio, poi di tanto in tanto, ma non sai quando e non sai perché, sullo schermo appare la scena di un film, un dialogo, un panorama o una scena d'amore e tu te la guardi per quello che puoi sapendo che a breve sparirà di nuovo. Intanto ho sistemato praticamente tutta la spesa, devo solo trovare posto per dei barattoli di fagioli e un pacco di pasta. Mi guardo in giro, tutti gli scaffali e gli stipetti sono pieni. Mi alzo dalla panca su cui sono seduto, tolgo il materassino e vedo uno sportello, lo sollevo. Appoggiati sul fondo ci sono due libri, uno spesso, l'altro meno. Sul primo il nome dell'autore e il titolo: Ivan Gončarov, *Oblomov*. Sul secondo solo il titolo: *Diario di bordo*.

È russo. Almeno questo l'ho capito. *Oblomov*, il nome della barca, arriva da qui, da questo romanzo che è la storia di Ilja Iljič Oblomov, un proprietario terriero russo che guarda la vita trascorrergli davanti stando sdraiato sul divano di casa sua. Perfetto, almeno ho anche trovato cosa leggere durante la navigazione. Sto mangiando tutta la vaschetta di gelato e sto sfogliando l'altro libro, che non è esattamente un libro dal momento che si chiama *Diario di bordo*. Il diario di bordo è una specie di documento informale della barca in cui il capitano appunta tutto: nomi dell'equipaggio, porti di partenza e di arrivo, rotte di navigazione, condizioni meteo, tutto. È consumato dall'uso, ha solo poche pagine bianche in fondo. La scrittura è quella di mio padre, non la riconosco ma c'è la sua firma in fondo a ogni scritto. Con questa barca è stato in tantissimi posti. Sembra che abbia girato tutto il Mediterraneo. E io con lui, dal momento che tra i membri dell'equipaggio leggo anche il nome di mia mamma e in alcuni casi quello di mia sorella, mentre il mio c'è sempre. Mio padre scrive le sue impressioni in fondo a ogni pagina come se chiedesse consiglio a questo diario: "Il vento non dà segni di diminuzione, rimaniamo ridossati in questa baia, sono ormai quattro giorni che siamo qui. Passerà?". La scrittura in alcune pagine è rotta e quasi incomprensibile al punto che sembra quella di un altro, poi invece osservando la casella in cui si segnano le condizioni del vento e del mare capisco il perché. Vento: forza 7. Mare: molto mosso.

Lascio il porto: deciderò durante il tragitto dove andare.

41

Ci sono cose di cui conosci l'origine, sai da dove vengono e quindi le riconosci. Ce ne sono altre che invece dai per acquisite perché te le ritrovi già davanti con una loro forma. Capita che per anni usi queste cose senza mai pensarci, poi un giorno qualsiasi ti domandi perché sono fatte in quel modo, come sono state inventate o semplicemente perché hanno quel nome. Da quel giorno, quella, diventa un'ossessione.

Chissà chi è che ha dato i nomi alle città. Nel senso che come le città si sono create mi è abbastanza chiaro. Ci saranno stati dei gruppi di persone che erano nomadi, perché a quel tempo mi sa che erano tutti nomadi, che avranno detto: "Ma a noi, chi ce lo fa fare di continuare a camminare? Possibile che siamo così stupidi da non aver capito che se ci fermiamo in un buon posto, magari con delle caratteristiche che ci consentano di trovare sempre da mangiare, è meglio che spostarci in continuazione?". E già per dirsi questo ci avranno messo un sacco di anni. Perché a quel tempo mica parlavano come noi oggi. A quel tempo era tutto un "hu hu hu". E parlandosi a "hu hu hu", sai quanto ci metti per esprimere un concetto anche elementare tipo: "Fermiamoci"? Be', insomma, quindi avranno trovato un posto vicino al mare o a un fiume e lì, dopo tanti "hu hu hu", si saranno fermati.

Ho detto vicino al mare o a un fiume, perché a quei tempi si viveva solo di caccia e di raccolta, e che vicino all'acqua si trovano più cose da mangiare lo avevano capito anche loro. Si esprimevano a "hu hu hu", ma non erano imbecilli. Voglio dire, l'istinto ce l'avevano. E la prima cosa che ti fa fare l'istinto è trovare cibo. Anzi, trovare cibo è la seconda. La prima è dire "ahia" quando ti fai male. Ma sto divagando. Insomma, a un certo punto, a furia di arrivare persone che erano nomadi e che avevano capito che fermarsi era meglio, si sono formate le città. Ma chi è che ha deciso che quel posto si doveva chiamare Parigi, Roma o Palermo? Perché le hanno chiamate così e non in un altro modo? Quasi quasi lo chiedo al mio vicino di barca. «Mi scusi, non è che saprebbe dirmi perché questa città si chiama Bonifacio?» Lui mi guarda per qualche secondo con aria di superiorità e poi risponde: «*Je ne comprends pas*».

Che roba le lingue, però. Voglio dire, il fatto che più o meno in ogni nazione si parli una lingua diversa è strano, no? Quello che mi fa pensare è che tutti sono partiti dall'"hu hu hu" e poi quell'"hu hu hu" è diventato francese, inglese, spagnolo, arabo. In base a che cosa c'è stata questa trasformazione? Forse il clima. Infatti i popoli che vivono nel nord del mondo parlano più secchi che noi in Italia. E più vai a sud e più le persone parlano lentamente. Tipo a Napoli. A Napoli parlano molto più lentamente che a Milano. Infatti a Napoli fa più caldo che a Milano. No, però ho detto una minchiata. Nel senso che allora in Africa dovrebbero parlare lentissimi. E invece non è così. Gli arabi, ad esempio, parlano velocissimo. Come sono antropologico stamattina. Comunque il mio vicino di barca è veramente uno stronzo. Mamma mia! E che è! Voglio dire, va bene che non era una domanda geniale quella che gli ho fatto, ma ti pare che mi rispondi così?! Anche adesso, è lì che fa colazione con quella figa di legno di sua moglie e mi guardano manco fossi l'ultimo dei pezzenti. Effettivamente vedere la sua barca accanto alla mia fa capire tante cose. Ci saranno venti metri di differenza. A parte che: che cazzo te ne fai di una barca così grossa? A cosa ti serve? Così almeno ti senti come a casa? Ma se vai in barca per sentirti come a casa, allora stai a casa che è meglio. No? Che comunque anche prima, quando camminavo per Bonifacio, non è che mi sembrassero proprio simpaticissimi, 'sti francesi. Che poi non sono neanche francesi. Sono corsi. Secondo me si chiamano corsi perché sono corsi via dalla Francia perché i francesi non ce li volevano più tanto erano antipatici. E sono venuti in quest'isola e l'hanno chiamata Corsica per quello. Ma vuoi vedere che l'hanno chiamata Corsica per quello?

42

Visitare una città nuova, farlo per la prima volta è talmente bello che spesso non ci vorresti essere mai stato, come per un bel romanzo che vorresti ancora dover leggere. Non avere ricordi di una città ti aiuta a entrarci senza cautele e senza pregiudizi.

Booooooo (o come diavolo si scrive il suono che fa la sirena di una nave).

Non era la mia questa sirena. È di una nave da crociera che se non viro subito mi viene addosso. Mi sa che non l'ho mai vista una nave così grande. Secondo me c'è più gente su 'sta nave che in tutta Romentino. È immensa. Praticamente una città galleggiante. Non riesco a staccarle gli occhi di dosso. È ipnotica. Ci sono cose che l'occhio non è abituato a vedere e quando le vede è come se mandasse dei segnali al cervello che fanno bloccare tutto il nostro corpo. Tipo quando vedi un tramonto particolarmente bello o la luna quando è rossa. È come una scarica di informazioni che arrivano tutte insieme e che non puoi fare a meno di stare a guardare. Non sto dicendo che questa nave sia bella come la luna, però ho la stessa sensazione di sentirmi piccolo e inutile che ho quando vedo qualcosa che non riesco a capire. E pensare che sia stata creata da un uomo mi fa sentire ancora più piccolo e inutile.

Booooooo.

"Sì, sì, passa, passa. Io sto fermo qui e ti guardo. Non ti preoccupare, ho perso la memoria, ma non sono idiota." Parlavo con la nave. So che non è un pensiero particolarmente originale quello che sto per fare, ma siccome non sono una persona particolarmente originale, lo faccio lo stesso. Chissà come fa una cosa così grande a galleggiare. È un po' come quando vedi un aereo decollare o un palazzo che sta in piedi nonostante tutte le persone che ci stanno dentro. Come fanno a esistere cose così? È fisica, credo. Ma è come se non mi bastasse a giustificare l'effetto che mi fa quando le vedo. La nave sta passando e come un sipario galleggiante svela un'altra meraviglia che i miei occhi non erano abituati a vedere: Napoli. Forse il golfo più bello del mondo.

La sensazione che si prova arrivando in un posto via mare è simile a quella che si prova quando stai per finire un libro e ti sembra che quelle ultime dieci pagine non finiscano mai. Nel senso che da quando vedi terra, a quando alla terra effettivamente ci arrivi, passa un sacco di tempo. È un tempo che sembra fatto apposta per far sì che tu ti possa ambientare ancora prima di arrivare. Vedere Napoli dal mare è come vedere quelle cartoline che di Napoli siamo abituati a vedere. E come succede con le cartoline, non senti nessun rumore. Quasi fosse una città muta. In cui tutti cercano di fare le cose che fanno senza fare il minimo rumore. Poi man mano che ti ci avvicini il volume si alza e tu capisci che in quella città ci vivono un sacco di persone. Persone che, come tutte le persone, hanno un sacco di cose da fare. E a Napoli tutti le fanno in motorino. Tu senti questo rumore di sottofondo, ma non capendo da dove proviene e vedendo uscire quel fil di fumo da quella montagna mozza, pensi che la marmitta sia quella lì. Il Vesuvio. Sono quasi arrivato al molo e vedo già cinque persone che si sbracciano per farmi capire che il posto giusto dove attraccare è quello lì. Il problema è che non capisco chi ha ragione. Alla fine decido di andare da quello che mi sembra avere la faccia più simpatica. Un omino alto un metro con la pelle che sembra di cartapecora. «Wellcome a Napolì» mi dice raccogliendo la cima che gli ho tirato. Io gli dico grazie e lui mi dice: «Ma cassì, taliane?». Io gli dico di sì e lui mi dice che allora forse è meglio che vada in un altro molo. Che questo è riservato agli stranieri. Provo a chiedergli in che senso. «Nel senso che "stranieramente" se lasci la barca qui, non la trovi più.»

Alla fine gliel'ho lasciata a Ciro, la barca. Dopo venti minuti di contrattazione, per venti euro al giorno, mi ha assicurato che non l'avrebbe toccata nessuno. E ora eccomi qui che cammino tra panni stesi e odore di soffritto. Per essere novembre, la giornata è calda e la gente riempie le strade. Sembra che tutti abbiano un sacco di cose da dirsi e le dicono a un volume altissimo. Hanno un modo differente di parlare rispetto a quelli che vivono a Milano. Sembrano tutti arrabbiati. Nel senso che se io dico a qualcuno: "Giuseppe, vai a comprare il pane?" e glielo sto dicendo per la prima volta, glielo dico pacatamente. Ecco, qui, invece, sembra sempre che se lo stiano dicendo per la settima volta. E quindi diventa: "Peppi', va a accattà 'o pane!!!". Ecco, cos'è. È come se il dialetto napoletano non prevedesse la forma interrogativa. È tutto affermativo. Però mi piace questa città. Anche se tutti mi guardano come se gli avessi fatto un torto. È come se fosse un differente modo di guardare. Da sotto a sopra. Il problema è che dopo un po' questa cosa diventa inquietante. Dopo un po' senti che potrebbe succederti qualcosa. Prendo un vicolo che sembra portare nella parte alta della città e dopo una ventina di minuti mi ritrovo in un quartiere che sembra di stare in un'altra città. Le case sono ben tenute e le persone vestite di tutto punto. Anche il modo di parlare è differente. È come se fossero le stesse persone che popolavano i vicoli dov'ero prima, però imborghesite. Cammino per un po' e poi mi dico che forse preferivo dov'ero prima. Che forse dov'ero prima sentivo che poteva succedermi qualcosa. Invece qui mi sembra che non potrebbe succedermi proprio niente. Vedo una panetteria. Entro. Mi compro una pizzetta e con la bocca sporca di sugo torno nella parte bassa della piramide. Perché Napoli è come una piramide: sopra l'aria è fina e sotto si soffrigge. Però nelle piramidi il faraone sta sotto, sopra ci sono le trappole per non farlo trovare. Il faraone, dico.

Mi è venuta fame e non ho voglia di mangiare fuori. Stamattina Ciro, nei venti euro che gli ho dato, ci ha messo pure due pesci che ancora si muovevano. Torno verso il porto e cerco la mia barca che... non c'è più! Era qui! Me lo ricordo! Cammino avanti e indietro sperando di aver perso i punti di riferimento. Come si fa quando ti hanno rubato qualcosa e tu speri che in realtà sei tu che ti stai sbagliando. Che quella cosa, forse, l'hai messa in un altro posto. E allora la cerchi, la ricerchi, finché non ti rendi conto che no, che quella cosa l'avevi messa proprio lì e adesso non c'è più. E la mia barca, porca di una troia, non c'è più.

43

Un momento non è quantificabile, non è un secondo, un minuto o un'ora. Quello che si può fare con il momento è qualificarlo: bello, terribile, irripetibile o disastroso. La giornata si nutre di momenti e li mette in fila, senza mai farli accavallare l'uno all'altro, e quello che è strabiliante è che la stessa cosa vissuta in momenti diversi può sembrarti sublime o disgustosa.

«Pizzeria Marechiaro. Sono Claudio, con chi ho il piacere di parlare?»

«Ma che è?! Sembra di chiamare le Pagine Gialle.»

«Uè Matte'. Scusa, è che mi volevo dare un tono. Sai com'è...»

«Ascolta, ti devo chiedere un favore...»

«Ecché maronn, Matte'! E aspetta n'attimo. Chiediamoci come stiamo, prima. Eh! Rispettiamo i codici della buona educazione.»

«Scusa, hai ragione. Come stai?»

«Bene. Sai, ieri nipotina mia si è battezzata. Dovevi vedere che splendore che era. Teneva questo completino tutto bianco. Sembrava proprio l'infanta di Spagna, guarda. E poi pure la predica del prete è stata bella. Perché praticamente, partendo dalla parabola del figliol prodigo, ha fatto tutta una metafora che pure noi, se volessimo, potremmo...»

«Claudio, ascolta, scusa se t'interrompo, ma ho bisogno di un favore.»

«Mamma mia quanto non li sopporto gli eghicentrici. E vabbuò, dimmi Matte'.»

«Sono a Napoli, Claudio...»

«Davvero?! E che ci fai a Napoli?»

«Questo non è importante. La cosa è che mi hanno rubato la barca. E volevo sapere se conoscevi qualcuno che mi potesse aiutare a ritrovarla.»

«Eh, no. Matte', mi dispiace, ma "mi sunt de Milan". A Napoli mi è rimasto solo un cugino di secondo grado che però lavora con le sigarette. E quello non sa niente di cose di furti. Ma com'è successo?»

«Eh, niente, che ho lasciato la barca al porto e uno mi ha detto che se gli davo venti euro al giorno me la curava lui.»

«E difatti te l'ha curata. Ha aspettato che te ne andassi e se l'è presa.»

«Dici che è stato lui?»

«Matte', Napoli, quella, è fatta così. Comunque non ti preoccupare, vedrai che tra un po' ti telefonano e ti chiedono dei soldi.»

«In che senso?»

«Nel senso che se rivuoi la barca devi dargli i soldi.»

«Quindi che faccio, aspetto?»

«Aspetta, Matte'. Come dice il detto: "Chi ha tempo non aspetti tempo".»

«Ma che c'entra, scusa?»

«Niente. Però non mi veniva un detto pertinente. Ti saluto, Matte'. Ti lascio, che se parlo con te i clienti, quelli, trovano occupato e non prenotano. E io di prenotazioni, modestamente, ci vivo.»

«Vabbe', ciao Claudio. Grazie.»

«Ciao, Matte'. E stai tranquillo che la ritrovi la tua barca.»

«Ciao.»

«Ciao.»

Sono seduto sul molo con le gambe penzoloni a guardare il giorno trasformarsi in notte. Una petroliera passa lenta e i gabbiani urlano a non si sa chi. Una pioggerella sottile inumidisce senza bagnare. «È bello il mare, eh?» mi chiede un pescatore mentre pulisce le sue reti. Io faccio sì con la testa, poi mi alzo, lo saluto con la mano e m'incammino verso i vicoli che stamattina tanto mi erano piaciuti. È incredibile come gli eventi riescano a modificare anche un paesaggio. Solo qualche ora fa questo posto mi aveva incantato. Le persone che lo popolavano mi sembravano uscite da un film realizzato dal più bravo regista del mondo e ora, ora che la mia barca non c'è più, perché qualcuno ha deciso di rubarmela, tutto mi sembra brutto, puzzolente. Le facce delle persone mi fanno paura. Sembrano mostri sporchi come le strade in cui vivono. Il profumo di bucato appena fatto è diventata puzza di muffa. È come se all'improvviso tutto l'odore dei milioni di persone che hanno abitato questa città fin dalla notte dei tempi stesse uscendo con tutto il suo putridume. Questo posto puzza di fogna. Un topo cerca tra la spazzatura ammassata la sua cena di stasera. Lo so che penso queste cose perché mi hanno rubato la barca, però rubare qualcosa a qualcuno è davvero una cosa che non si fa. Perché è come se non avessi il diritto di replica. Non puoi farci niente. Puoi solo arrabbiarti con qualcuno che non c'è. Puoi solo immaginare che cosa gli faresti se ce l'avessi tra le mani. Rubare qualcosa a qualcuno ti fa diventare cattivo. Sia a te che la cosa te l'hanno rubata, sia a chi quella cosa ora ce l'ha. Rubare è una cosa brutta. La sera è diventata notte e io non so dove andare a dormire. Vedo un'insegna con scritto: PENSIONE PICCOLA CAPRI. Salgo le scale, apro la porta e dico: «Buonasera...».

La stanza non è male. Un po' decadente, ma ben si addice allo stato in cui sono. Metto il tappo alla vasca, apro il rubinetto e aspettando che si riempia accendo la TV.

«Pronto?»

«Matteo?»

«Sì?»

«Siamo noi.»

«Noi chi, scusi?»

«Questo non è importante. Senti, la barca la rivuoi?»

«Ehm... sì.»

«Com'è che ti chiami tu?»

«Matteo Caccia.»

«Ecco, allora se rivuoi la barca devi cacciare i soldi.»

«Ah. E quanto?»

«Considerato il cesso di barca che è, seicento euro possono bastare.»

«Va bene. Dove?»

«Tra mezz'ora davanti al ristorante La bersagliera.»

«Posso pagare col bancomat?»

«Senti, simpaticone, le battute non sono gradite. Quindi vedi di muoverti che sennò la barca l'affondiamo.»

«Va bene, arrivo.»

«Metti i soldi in un pacchetto di sigarette Marlboro Light e butta il pacchetto davanti al ristorante. Che oggi è chiuso.»

«Ma la barca?»

«La barca la trovi domani mattina dove l'avevi lasciata.»

44

Secondo la grammatica italiana la "metafora" è una figura retorica che implica un trasferimento di significato da un termine che è l'oggetto della discussione a un altro che lo spiega caricandolo fortemente di significato. Sono convinto che la metafora sia un figura retorica molto utile, ma secondo me è decisamente sopravvalutata.

La barca sta viaggiando a una velocità mai vista. Sono in mezzo allo stretto di Messina, che poi è anche quello di Reggio Calabria visto che si trova tra le due città e quindi non capisco perché solo "di Messina", mi sembrerebbe più giusto dire "di Messina e di Reggio Calabria". Vabbe', comunque la corrente è fortissima, sembra quella di un fiume, e io sono a favore di corrente. Il tizio del porto di Napoli quando ha saputo che avrei passato lo stretto di Messina (e di Reggio Calabria) ha fatto l'esempio dell'imbuto. Mi ha spiegato che dal momento che tutta l'acqua del mar Tirreno spinge verso il basso, quando lo spazio diventa stretto tra Sicilia e Calabria la pressione aumenta e quindi aumenta la velocità. Esattamente come l'acqua che scende in un imbuto. Questa è un'altra cosa che mi stupisce. Le metafore. Cioè non mi stupiscono le metafore in sé, mi stupisce il fatto che la nostra mente per spiegare un concetto abbia bisogno di prenderne un altro più semplice ad esempio. È come se avessimo sempre bisogno di semplificare tutto, di associare il mondo che non conosciamo a quello che conosciamo. Dobbiamo poter misurare tutto con il metro del "come". "Ah certo, come l'acqua nell'imbuto." Siamo terrorizzati da quello che non conosciamo, come se non concepissimo un modo di vedere o vivere diverso dal nostro. So che partire dall'imbuto per parlare della visione del mondo sembra fuori luogo, ma le associazioni viaggiano un po' così, a caso. E comunque poi più pensi e più cose capisci. Adesso per esempio ho capito che le metafore non mi piacciono. Non è necessario dover sempre capire tutto per forza. Ci sono cose che non cogliamo e non coglieremo mai. Punto.

Tra le cose che credo non si possano cogliere per le quali non c'è metafora che tenga, una è sicuramente la bellezza. Bella come? Come cosa? Che paragone puoi usare per dire quanto è bella Siracusa? Ho da poco ormeggiato nel porto antico di Ortigia, la città vecchia di Siracusa, e giuro che non saprei dire perché la trovo così bella. Ortigia è una piccola isola collegata al resto della città da un ponte. È bianca e luminosa. Ecco sì, è questo, credo. È che ormai è inverno eppure la luce è calda più di quanto non lo fosse a Milano in settembre. È il modo in cui la luce del sole rimbalza sulle pareti bianche delle case ammassate una sull'altra nei vicoli. Non puoi sfuggire alla luce qui a Siracusa e la gente del posto lo sa. Hanno visi pieni e ispidi, fisici nodosi e minuti. Forse anche la statura è dovuta alla troppa luce, se fossero alti sarebbero più esposti. Il siciliano è ancora più difficile del napoletano. Quando si rivolgono a me però parlano in italiano, un italiano che si trascina e il tono sembra quasi lamentoso. Sono molto cortesi ma mi guardano come un forestiero. Ho fame e non ho fatto cambusa. Cerco un posto dove mangiare qualcosa. Pesce, vorrei mangiare pesce fresco. Una signora mi indica una porta sopra cui c'è una vecchia scritta: COOPERATIVA PESCATORI. I pescatori non hanno pesce da vendermi e stanno mangiando attorno a un tavolo di plastica. Dopo avermi studiato mi invitano a mangiare con loro. Nessuno chiede ma è chiaro che vogliono sapere chi sono e da dove vengo dal momento che fuori stagione il porto è praticamente deserto. Gli racconto della barca e del giro che sto facendo. Loro finiscono di mangiare, si infilano cerate e stivali e uno di loro mi chiede: «Sei mai stato a pesca?». «No» gli rispondo io. «Allora copriti che usciamo.»

Il sole è calato da poco e la temperatura è cambiata. Il freddo entra nelle ossa e le fiacca. Sono su una delle tre barchine in legno che stanno uscendo dal porto. Raggiungiamo il largo e al segnale le tre barche accendono tutte delle grosse lampadine che illuminano la superficie scura del mare. «I pesci non sono stupidi come sembrano» mi dice Sebastiano, il pescatore che mi ha invitato, «e quindi per attirarli bisogna ingannarli.» Il mare è così nero che mi fa quasi paura guardarlo, la luce sparata nel buio d'acqua sa di sfida. Una sfida che vincono i pescatori. Attirati dalla luce in un attimo arrivano nugoli di pesci che senza saperlo si infilano nelle loro reti. Non saranno stupidi, ma i pesci non devono nemmeno essere dei fulmini di guerra visto che è bastata una lampadina per fotterli. Ora che sono sul fondo della barca la luce delle lampare li fa sembrare d'argento. Tranne quelli che ancora si scuotono e rimbalzano, gli altri sembrano perfetti così come sono. Intendo dire, non sembrano cadaveri, sono belli da vedere, tutti lisci e luccicanti. Non paiono buoni da mangiare, sembrano giusti lì dove stanno, immobili sul fondo della barca. Ma in fondo forse tutto quello che prima viveva e che poi mangiamo, non sembra commestibile fino a che non lo vediamo nel piatto. Comunque la pesca è stata buona, i pescatori sono contenti, recuperano le ultime reti e mentre albeggia facciamo ritorno verso il porto.

45

Un'antica leggenda dice che c'è un paese in Puglia che secoli fa era parte della Grecia. Poi questo paese si è staccato dalla costa ed è diventato un'isola che ha navigato fino alle coste pugliesi. Io in questo paesino della Puglia non ci sono stato. Sono stato a Lampedusa però, che è sì un'isola ma non si muove, se ne sta bella ferma in mezzo al Mediterraneo, perché le isole non si muovono, sono gli uomini a farlo.

Il bar più grande di Lampedusa ha un bancone pieno di dolci e un grande terrazzo che dà sui tetti del paese. Mi piacciono i bar. Mi piace stare seduto al tavolino, bere quello che sto bevendo, mangiare quello che sto mangiando, leggere quello che sto leggendo. Riesco addirittura a concentrarmi meglio che altrove sull'articolo o sul libro che ho in mano. A Milano però hai la sensazione di essere di troppo. Nel tempo che mi leggo un paio di pezzi sono già andate e venute almeno dieci persone. Qui invece puoi stare seduto mezza giornata che nessuno ti dice niente. Anzi sembrano proprio non accorgersi di te. Il proprietario del bar è un signore anziano, don Toni. Sta alla cassa e gestisce il personale, che poi sono figli e nipoti, a monosillabi. L'unico problema di questo bar è che don Toni oltre a battere sul registratore di cassa compone poesie. Ora, anch'io scrivevo poesie, poi però quando ho capito che facevano schifo ho smesso, o almeno non le ho mai più fatte leggere a nessuno. Lui invece non solo le distribuisce ai clienti affezionati, ma te le consegna come fossero un regalo preziosissimo che dà solo a te perché sei te! Hanno tutte come tema la natura, la forza degli elementi e ovviamente Lampedusa. Ecco, io credo che qualcuno glielo dovrebbe dire a don Toni. Perché non è che se sei anziano va bene tutto! Questa cosa del rispetto per gli anziani secondo me è travisata. Proprio perché lo rispetto gli consiglierei di smetterla, magari potrebbe dedicare quel tempo a fare altro, o anche solo a non fare niente.

Non avevo intenzione di fermarmi troppo qui a Lampedusa, ma le previsioni danno mare grosso e vento forte quindi rinforzo gli ormeggi e aspetto. Ho noleggiato un motorino e giro per le strade di quest'isola che è una striscia di terra lunga e stretta che va da destra a sinistra, o da est a ovest. La parte a nord è una scogliera alta e inaccessibile. L'isola è talmente stretta che sono pochissimi i punti da cui non si vede il mare. Uno di questi si trova proprio nel centro in un piccola valle. È il cimitero delle barche. Ci arrivo attirato da una macchia di colore che da lontano sembra un bosco azzurro. Invece sono barche, pescherecci, a decine, accatastate e sfondate. Immagino siano state ammucchiate con una gru o qualche argano gigantesco, ma a guardarle sembra che delle braccia giganti le abbiano prese e facendole dondolare "... e uno, due e tre!" le abbiano buttate lì, dentro quel recinto. Alcune sono intere, altre hanno buchi enormi, altre ancora sono capovolte. Queste ultime sono quelle che mi fanno maggiore impressione. Tutti gli oggetti, grandi e piccoli, sono disegnati e costruiti per stare in una determinata posizione. Quando capita di vedere quello stesso oggetto in una posizione che non è la sua solita, è come se fosse nudo. Ad esempio, dopo un incidente in cui un'auto si è cappottata è come se quella posizione a testa in giù con le ruote che girano nell'aria svelasse tutta la sua fragilità. Queste barche mi fanno... lo so è strano dirlo, ma mi fanno tenerezza. Dovrebbero stare in mare e invece sono malamente buttate su una colata di cemento, quelle sottosopra poi sembrano imbarazzate. Una in particolare, è tutta azzurra con lo scafo rosso rivolto verso il cielo. Mostra la sua zona più intima, quella che è di solito immersa nell'acqua, quella che fa gran parte del lavoro, mi verrebbe di coprirla o almeno di girarla per metterla in una posizione dignitosa. Il vento ora si è rinfrescato e mi fa venire i brividi. Accendo il motorino e torno verso il porto.

46

Voi ve lo ricordate il primo libro che avete letto? Il colore della copertina, l'odore della carta, la consistenza delle pagine? Vi ricordate com'è che avete preso quel libro e non un altro, perché lo avete scelto o come vi è capitato tra le mani? Ma soprattutto: le prime righe, l'inizio, la prima pagina di quel libro, ve la ricordate? Be' io sì.

Quando sei in barca, quando non c'è troppo vento, quando non c'è mare grosso, quando stai navigando insomma, hai un sacco di tempo libero. Sto facendo rotta verso sud e ho davanti almeno due giorni di navigazione. Il pilota automatico è inserito e... e non c'è molto da fare. Anzi non c'è proprio niente da fare. Che poi ci sono persone che direbbero: "C'è sempre qualcosa da fare", ma anche non fare niente non è male e non è nemmeno facile. Non è facile per niente non fare niente. C'è una forma di coraggio nel fare niente che secondo me ha un valore. Sì, credo che il lavoro sia sovrastimato, cioè non il lavoro in sé quanto l'idea che si ha del lavoratore. Ad esempio quando muore una persona, una delle prime cose che si sentono dire è: "Eh, era una brava persona, un gran lavoratore", mai che si dica "un gran cazzaro". Come se essere un impiegato, un operaio o un avvocato sia una qualità dell'anima, e non semplicemente un mestiere. Che poi non si sta praticamente mai senza fare niente. Magari sembra che tu non stia facendo niente però qualcosa lo fai. Come ora ad esempio. Sono stravaccato sul ponte della mia barca con le mani dietro la nuca a guardare il cielo, quindi da fuori uno potrebbe dire: "Guarda quello lì che è lì che non fa un cazzo", invece no. Sto pensando che non fare niente ha un valore. Che non so se è vero ma almeno mi consola. Ecco! Ho capito qualcosa! Ho capito che pensare che quello che stai facendo ha un senso è consolatorio. Ti consola immaginare che stare al tornio tutto il giorno, battere su un computer o non fare niente ha un senso.

Che poi a non fare niente qualcosa da fare lo trovi, o comunque ti viene. Adesso ad esempio mi viene da fare la pipì. Scendo sottocoperta e vado in bagno. Alzo gli occhi e sulla mensola sopra lo specchio vedo il libro che ho trovato insieme al diario di bordo: *Oblomov*. Lo prendo e torno fuori. Sulla copertina c'è la foto di un divano consumato, sul retro invece la storia del libro. Oblomov è un giovane proprietario terriero, passa le sue giornate tra il letto e il divano. È un libro del 1859. Anche questa cosa è incredibile. Che oggi io mi legga le stesse parole che ha scritto un tizio centocinquant'anni fa. Non proprio le stesse perché lui le ha scritte in russo, però il significato è lo stesso. Penso a questo Gončarov, vestito con un pastrano, che non so cosa sia ma suona come una cosa bella calda visto il freddo che fa in Russia, che se ne sta su un tavolino a scrivere con una penna e dell'inchiostro esattamente queste parole qui. È un po' come se le avesse scritte anche per me. Senza sapere che le avrei lette un secolo e mezzo dopo sopra una barca in mezzo al mare. E invece sono proprio qui, ora, a leggere questo libro che è il primo libro che leggo, che è la storia di un tizio che fa della pigrizia una ragione di vita. E la mia barca ha il suo nome. Mi piace già. Non il libro in sé, dico, mi piace l'idea di farmi trascinare in una storia, di averla sempre lì pronta a portata di mano. Che bella idea quella di inventare delle storie e di scriverle su dei fogli di carta rilegati insieme. Apro il libro con entrambe le mani, sfoglio le prime pagine e raggiungo l'inizio.

In via Gorochovaja, in una di quelle grandi case, la cui popolazione sarebbe stata sufficiente per tutta una città di provincia, se ne stava di mattina a letto nel suo appartamento Ilja Iljič Oblomov.

47

La paura è un setaccio. Separa l'utile dal superfluo. Filtra tutto ciò che nella nostra vita è marginale e trattiene solo quello che ha veramente valore. Per certi versi la paura è illuminante, aiuta a mettere in ordine le cose e a dare loro il giusto significato. È per questo che penso che ogni tanto avere paura sia salutare.

Ho paura. Non è facile ammetterlo, ma è proprio così. La tempesta è arrivata, e il bollettino l'aveva prevista ma non è mai come te l'aspetti. La paura invece non arriva di botto. È lenta. Senti che sale e non puoi bloccarla, è come il latte che si scalda nel pentolino. Quando comincia a montare non lo puoi più fermare, anche se spegni il fuoco sai che tracimerà e finirà sul fornello. È la prima volta che provo paura. Il vento soffia così forte che la barca è tutta sbandata su un lato, il mare continua a salire in coperta e spazza via tutto quello che trova, io sono legato al timone con la cintura di sicurezza. Seguo la bussola perché il buio mi impedisce di vedere oltre la barca. L'unica cosa che posso fare è concentrarmi sulla rotta. Ma la paura rimane in attesa, e non appena mi distraggo si fa sentire. La paura lavora per sottrazione. È come se ti facesse una lista, un elenco di cose. Tutte le cose che non potrai più fare, o le persone che non potrai più incontrare. Mi viene voglia di chiamare mia mamma e dirle che come lei il tiramisù non lo fa nessuno, vorrei fare una doccia calda che non faccio da secoli e non la potrò fare mai più perché affonderò insieme alla mia barca. La paura è l'elenco di cose che ti mancheranno e che ti piacevano più di quanto immaginassi. C'è talmente tanta acqua che non capisco nemmeno se piove oppure no. Faccio fatica a tenere gli occhi aperti perché il vento nebulizza la cresta delle onde e me le spara negli occhi. Peccato, peccato che non ce la farò. Tanto vale lasciar perdere, sedermi qui al freddo, e lasciare che succeda qualcosa. Qualcosa succederà. Osservo la ruota del timone che gira impazzita come una roulette prima a destra poi a sinistra, poi di nuovo a destra, sinistra e poi si pianta e fa *stok*.

Mi riprendo dal torpore. La tempesta non molla e lo stavo facendo io. Provo quasi vergogna ad aver pensato di cedere. Penso che ne uscirò. Penso che ne uscirò e quando ne sarò fuori mi sentirò meglio, più forte. Penso anche che ora la barca sta andando dove vuole. Il timone è spezzato e la barca non ha una guida. Apro i gavoni e cerco qualcosa per sistemarlo. Trovo una barra di emergenza da sostituire alla ruota che si è rotta. Ci impiego un tempo che va dai dieci minuti alle due ore, non so esattamente quanto, ma tiro, piego, stringo un po' tutto quello che mi capita per le mani e alla fine ho un timone di emergenza. Ora sento che la barca è un po' più mia. Se ci metti mano a una cosa la conosci meglio e la senti più vicina, hai pensato a come sistemarla e ora quell'accrocchio che hai fatto sta funzionando. Mi sento alleato con la barca, anche lei si fida un po' più di me. Non ho più paura ora. Fisso il timone con una cima per mantenere la rotta, e scendo sottocoperta. La barca sotto è una lavatrice, ci sono piatti, cime e cibo dappertutto, tutto si frulla insieme e io con il tutto. Penso che devo farlo adesso. Devo fare una lista, una lista delle cose che prima mi mancavano. O meglio le cose preziose che la paura aveva fatto affiorare. Cerco una penna ma non so nemmeno dove possa essere e non riesco ad afferrare niente, cerco di prendere una carta nautica che sta rotolando sul tavolo. Rotola, si ferma come sospesa, io chiudo la mano convinto di averla afferrata e lei invece rotola di nuovo verso dove era arrivata. Sono allungato sul tavolo come un geco e la barca ha una torsione improvvisa, capisco che si è spezzata la cima che teneva il timone d'emergenza, mi alzo dal tavolo ma sento un colpo sordo sulla testa. Sento il rumore della latta che picchia sul mio cranio prima ancora del dolore lancinante, mi accascio sul divanetto tenendomi la testa tra le mani e mentre guardo il barattolo di caffè che mi ha colpito rotolare sul pavimento avanti e indietro perdo conoscenza.

Apro gli occhi e la prima cosa che vedo è il barattolo di caffè che mi ha colpito, immobile sul pavimento della barca. Per fortuna che il caffè dovrebbe aiutare a rimanere svegli. Devo aver dormito due o tre ore, e considerate le condizioni del mare mi posso definire miracolato. Mi sollevo aggrappandomi al tavolo. La barca gira tutta come una lavatrice ma ormai ci sono abituato, mi arrampico sulla scaletta e lentamente esco nel pozzetto. È strano perché anche fuori gira tutto. L'orizzonte che di solito è l'unico riferimento immobile dondola come l'acqua colorata nelle penne con dentro la gondola che vendono a Venezia. Non capisco come mi ricordi di Venezia e delle gondole nelle penne, ma capisco che non è l'orizzonte a girare, è la mia testa. Prendo dell'acqua di mare, chiudo gli occhi e mi bagno il bozzo gigante che ho sulla nuca. Quando il cuore riprende a battere regolarmente apro gli occhi. La tempesta è passata. Il cielo è grigio e piatto, come il mare. Quasi faccio fatica a distinguere dove inizia uno e dove finisce l'altro. Non c'è una bava di vento e la barca galleggia immobile. Penso che l'ho scampata. Penso che potrò raccontarla. È bello pensare di esserne uscito, pensare che le cose non sono senza fine. Devo ricordarmelo la prossima volta che ci sarà una tempesta. Che poi forse le tempeste si possono evitare, però se non le puoi evitare, almeno sai che prima o poi finiranno. Guardo il timone spezzato. Devo aggiustarlo, devo cercare un porto in cui farlo sistemare. Accendo il motore che bofonchia rassicurante, ma non so dove andare, vista la foschia potrei anche essere vicino alla costa e non vederla nemmeno.

48

Certe volte è come se la vita ti presentasse il conto di un pranzo che non hai mai consumato. Allora ti chiedi se hai fatto qualcosa di male per meritarti tutto questo. Alcune volte la risposta è sì. Effettivamente avevi fatto quello che non si doveva e quindi è giusto che tu paghi. Altre volte, no. È proprio il caso che determina tutto. C'è una parola che riassume questa seconda possibilità. Quella parola è *sfiga*. Che credo significhi il contrario della cosa più bella che c'è.

Come dopo ogni tempesta, è arrivata la quiete. Il cielo è azzurro che più azzurro non si può. Provo a fare un respiro profondo e sento le narici che mi fanno male. Un po' come ti succede quando sei in montagna e l'aria dà quasi fastidio tanto è pulita. Sembra che il mondo sentisse il bisogno di essere lavato e ha usato la tempesta come facciamo noi con la doccia. Persino il mare sembra più pulito. Il mio amico gabbiano è sempre lì, in cima all'albero. Mi guarda torvo. "Ma tu sei stato lì durante tutta la burrasca?" gli chiedo massaggiandomi il bernoccolo. Lui mi guarda qualche secondo, poi si gonfia come fanno gli uccelli quando hanno freddo. Effettivamente fa un freddo cane e i miei vestiti sono tutti bagnati. Devo cambiarmi. Scendo in cabina e, divincolandomi tra il bordello, cerco nell'armadio qualcosa di asciutto. Niente. È tutto umido di quell'umido schifoso che si forma negli armadi delle barche. L'odore è simile a quello che hanno i teli da mare dopo due o tre giorni: un misto di cantina e baccalà andato a male. Fa freddo, cazzo. Fa veramente freddo. Ma perché ho deciso di partire proprio adesso? Voglio dire, chi è il pazzo che si metterebbe a fare un viaggio in barca a vela in pieno inverno? Io. E non sono un pazzo. Ho solo perso la memoria. E partire per un viaggio mi sembrava una cosa bella. Non l'ho fatto apposta. Non volevo fare lo sbruffone. Volevo solo stare un po' da solo con i miei pensieri. Volevo solo vedere il mare perché non l'avevo mai visto. Anzi, lo avevo visto, ma non me lo ricordavo. Io non lo so se è vero che le cose non capitano mai per caso. Però non credo che me lo meritassi di essere qui, in mezzo al mare, con il timone della barca rotto, non sapendo nemmeno dove sto andando. Devo spogliarmi. Ho freddo. Mi fa male la testa e mi sta venendo pure mal di denti. Mi levo tutti i vestiti e vedo la mia immagine riflessa nello specchio dell'armadio. Sto piangendo. Sono nudo, seduto sul letto e le lacrime calde che scendono sulle guance sono quasi piacevoli. Perché sono qui? Forse sto davvero impazzendo. Mi alzo di scatto, salgo in coperta e mi metto a urlare al mare che mi sono stufato. Che ho voglia di stare bene. Che non ce la faccio più a stare così. Urlo e più urlo più piango e più piango più urlo. Dopo un po' mi rendo conto che è inutile anche questo. Che tanto non mi sente nessuno. Torno giù e mi metto sotto le coperte che sono umide anche loro. Ho bisogno di dormire e quasi quasi spero di non svegliarmi più.

Sono in fila. Intorno a me le persone chiacchierano a un volume altissimo. O forse non è così alto, ma l'ambiente è grande e le voci rimbombano. Gli uomini sono in smoking e le donne in abito da sera. Anche io sono elegante, non in smoking, ma anche io sono elegante. Mi sporgo per vedere dove porta la fila. Un cartello illuminato dice: BIGLIETTERIA. Dietro di me, un altro cartello indica: GUARDAROBA. È un teatro. È sicuramente un teatro. Ma non capisco perché sono qui. La fila scorre veloce e nel giro di poco tocca a me. La signorina che sta dietro al vetro, mi dice: «Prego?» e io, come fosse una cosa già fatta decine di volte, le dico: «Dovrei avere un biglietto a nome Caccia». Lei scorre i nomi su un foglio, finché non trova il mio. Poi lo cancella con una penna e mi dà il biglietto. Io lo prendo e faccio per guardarlo, quando la signora che sta dietro di me mi chiede di spostarmi. Io le dico: «Sì, mi scusi» ed esco dalla fila. Sul biglietto c'è scritto: AUDITORIUM DI MILANO. SAKAMOTO SUITE. Le luci del foyer cominciano ad accendersi e spegnersi, le maschere aprono le porte e tutti si avviano verso la sala. Sul palco c'è solo un pianoforte. Nero. Il mio posto è in prima fila. Le luci si abbassano e con loro anche le voci delle persone. Un cono di luce bianca si alza piano e seduta al pianoforte c'è una ragazza con un abito nero. Mentre i miei occhi cercano di mettere a fuoco il suo viso, la ragazza poggia le dita sui tasti e comincia a suonare...

Io questa musica la conosco e anche la ragazza che suona mi sembra di conoscerla. Non riesco a vederla in faccia. I capelli le coprono il viso. Anche se mi sembra...

Booooo.

Era un sogno. Cazzo, era solo un sogno. Stavo per... era lei. Era il giorno del concerto. Il giorno dell'amnesia. Quella era la ragazza che... ma perché mi sono svegliato?! Ahia... il dente mi fa malissimo. Pure il mal di denti no. Per favore. Devono essere stati quei cazzo di dolcetti siciliani. Ahia, che male. Ahia, ahia...

Booooo.

E ora chi è? Scendo dal letto, mi infilo golf e pantaloni e salgo in coperta. «Italiano» mi dice un signore vestito da poliziotto che sta su una barca a pochi metri dalla mia. «Sì» gli rispondo. «È meglio che guidare barca, stai entrando in porto.» «Grazie» gli rispondo. Davanti a me c'è un grande porto pieno di gru e petroliere. «Mi scusi, che città è questa?» chiedo al poliziotto. «Durazzo» mi risponde lui, «Albania.» Albania?! E come ci sono finito in Albania?

49

Ci sono persone che rimangono tutta la vita nel luogo in cui sono nati. Ce ne sono altre che si spostano in cerca del posto giusto per loro e ci si fermano, e altre ancora che non si fermano mai, che il loro posto nel mondo non lo cercano nemmeno perché sanno che non lo troveranno.

Il dolore ai denti non molla. Ripenso alla tempesta e cerco di dirmi che passerà. E magari passerà anche, ma è insopportabile adesso e non riesco a concentrarmi sul fatto che passerà, perché è ora che non resisto. Due cose, aggiustare il timone, aggiustare il dente. Mi ci vogliono un carpentiere e un dentista. Mi infilo in un capannone da cui spunta la prua di una barca, ma è deserto. Provo a cercare un edificio da cui spunti un dente ma credo che il dentista sia un po' più difficile da trovare di un cantiere nautico. Mi infilo nel bar del porto. Con una mano mi copro la guancia come a proteggere il dolore. Anche il bar è deserto. Nell'angolo in alto a destra c'è una televisione accesa. Ci sono tre giovani bellocci seduti su un trono attorniati da due ali di ragazze truccatissime e in minigonna, ogni tanto interviene una conduttrice bionda con una voce profondissima che dice: «Adesso la pubblicità». Mi sembra di essere in uno di quei film che raccontano del dopo apocalisse. Do un colpo di tosse per far sentire che ci sono, ma se ne accorge solo il mio dente che prende a battere come un martello. Mi porto tutte e due le mani alla faccia. Da una tendina antimosche dietro al bancone spunta una ragazza che mi chiede qualcosa che non capisco. È vestita come mia madre. Non come si veste oggi mia madre, ma come si vestiva mia madre nelle foto di quando ero piccolo. Le dico che ho bisogno di qualcuno che aggiusti la mia barca e di un dentista. Lei indica un punto alle mie spalle. Io mi giro e seduto al tavolino c'è un signore che sta guardando le ragazze truccate in televisione. È un uomo enorme. È impossibile che non l'abbia visto prima, deve essere appena entrato. Ha delle mani gigantesche e callose. Spero che sia il carpentiere e non il dentista. Mi siedo al tavolino, gli spiego il problema della barca. In un italiano strano mi dice: «Alla barca ci penso io, per i denti ho un amico che ha due mani d'oro!».

Lo studio del dentista dalle mani d'oro sembra uscito da una puntata di *Star Trek*. La prima edizione di *Star Trek* però, quella degli anni Settanta. I macchinari sono tutti spessi e grossolani, sembrano di cartapesta. Mentre lui non guarda li tocco per sentirne la consistenza. Non fosse che il male mi sta aprendo la mandibola e la testa, me ne andrei di corsa. Ma in questo momento non ho altre possibilità. Il dentista non è un amico del carpentiere, è il fratello. È identico a lui con la stessa mole e le stesse mani callose. Mentre me le infila in bocca per controllare la situazione capisco il perché dei calli. Afrim, si chiama così, è un emigrante che è tornato in patria. È emigrato in Italia negli anni in cui in Albania pensavano che l'Italia fosse il paese del Mulino Bianco. Lui è odontotecnico, ma in Italia faceva il muratore. Le mani erano già grosse prima ma si sono ispessite per quello. È passato dai barconi che attraversavano l'Adriatico ai dormitori per senzatetto. Quando è ripartito per l'Albania aveva una casa in affitto nella provincia bresciana, dove ormai suonava il trombone nella banda del paese. Poteva prendere la cittadinanza, ma aveva fatto quello che doveva, aveva risparmiato abbastanza soldi per aprirsi uno studio qui. Lui è un dentista, mi spiega. Voleva tornare a fare il dentista. «Non è una questione di patriottismo, non me ne frega niente» mi dice. «Non voglio morire in Albania perché sono nato in Albania, stavo bene in Italia e mi è spiaciuto lasciarla, è che lì non potevo fare quello che volevo, quello che mi sentivo. E io sento di essere un dentista, non un muratore.» Mentre me lo dice continua a trafficare nella mia bocca e poi sputa la sentenza: «Qui tocca devitalizzare» mi dice con accento bresciano. Io non so cosa voglia dire ma annuisco: «E allora devitalizziamo».

Quando sento il trapano capisco di cosa si tratta. È la prima volta che ritorno da un dentista, ma quel suono lo conosco già. Forse ci sono rumori, sapori e immagini che possiedono un messaggio loro, che va al di là dell'esperienza. Non lo so perché sto teorizzando e lo sto pure facendo solo per distrarmi da questo rumore che mi terrorizza, però quello che voglio dire è che forse se io guardo una torta al cioccolato, anche se non l'ho mai assaggiata comunque so che è buona, perché la sua forma e il suo colore me ne comunicano il sapore. La stessa cosa vale per il trapano del dentista, anche se hai otto anni e non ci sei mai stato, secondo me quando lui accende il trapano e tu senti il rumore a te viene paura perché sai che ti farà male. Vabbe', sta di fatto che ora invece male non me ne sta facendo. Lui dice che l'anestesia è talmente forte che durerà due giorni ma che se sento male devo alzare la mano sinistra. Il trapano preme contro il dente. Il rumore addirittura cambia, si fa meno acuto. Lui si sporge per guardare meglio nella mia bocca, estrae il trapano, cambia la punta e riparte. Non faccio nemmeno in tempo a pensare di alzare la mano che sento una scheggia di dolore infilarsi nel dente e schizzare fino al cervello. Stringo i braccioli della sedia con entrambe le mani. Mi lacrimano gli occhi. Il dolore è freddo, gelido come se lui stesse spingendo la punta di un iceberg nel buco creato dal trapano. Riesco ad alzare la mano e lui si ferma. Il mio corpo è un unico blocco. Sono rigido come un tronco. Lui si ferma e mi chiede se ho sentito male e io con la bocca spalancata gli dico: «UUUUNNUOOOOO!». Nessun problema, facciamo ancora un po' d'anestesia.

Che bella l'anestesia. È la più grande invenzione del secolo. Credo sia già la quarta più grande invenzione del secolo che trovo, però l'anestesia sta davanti a tutte. Una punturina e possono farti di tutto. Alla fine il dente me lo ha risistemato dentro e fuori. Ora la lingua non fa altro che andare lì, su quel pezzo che sembra diverso dagli altri. Non mi pare più nemmeno la mia bocca, però ora che lo sento sotto la lingua so che c'è e che ci devo fare più attenzione. Continuo a passarci sopra mentre guardo la mia barca sulla gru che la sta calando in acqua, anche lei ha un dente nuovo e le sta bene, e ora che è sistemato farò più attenzione anche a lui. E poi è arrivato il momento di tornare verso casa.

50

Ci sono delle cose nel mondo che quando le vedi ti viene quasi da piangere, tanto sono belle. Che poi belle non è nemmeno l'aggettivo giusto. Essere davanti a un bambino che ride, alla luna quando è piena o a un'opera dell'uomo che resiste da secoli, ti fa sentire che in fondo la vita è proprio bella. Tante volte ce lo dimentichiamo e secondo me è un errore.

Mi è tornato il buonumore. So che questo non cambierà il destino dell'umanità, ma sono contento e lo voglio dire. Sono contento perché mi è passato il mal di denti. Sono contento perché la mia barchetta è come nuova. E poi sono contento perché, se tutto va bene, questo è il mio ultimo giorno di navigazione. Lo so che in genere si dovrebbe essere tristi quando finisce qualcosa, ma invece non è detto. Voglio dire, perché "Fine" deve essere per forza sinonimo di dispiacere, distacco, addio, malinconia? Perché? Se una cosa finisce, a meno che non sia la fine della vita, che allora è davvero la fine di tutto, può essere davvero una cosa bella. E poi è giusto che le cose finiscano. Anche il film più bello che ti sia mai capitato di vedere è bello proprio perché finisce in quel momento. Se andasse avanti all'infinito ti annoierebbe. E poi anche gli attori che ci recitano, sai che palle? Dovrebbero fare quello per tutta la vita. O anche il pranzo più buono del mondo, se a un certo punto non finisse, ti farebbe stare male. E una cosa da bella si trasformerebbe in brutta. Io credo che la bellezza delle cose stia proprio nel fatto che dopo un po' finiscono. Ecco, l'unica cosa è la fine della vita che mi lascia un po' perplesso. Ad accettarla come parte della vita, proprio non ce la faccio. Continua a sembrarmi un'ingiustizia. Voglio dire, che senso ha innamorarsi, lavorare, studiare, mantenere vivo il corpo mangiando, se tanto a un certo punto tutto finisce? Minchia, meno male che avevo iniziato dicendo che mi era tornato il buonumore. Sembro il giovane Werther in barca a vela. È vero! *I dolori del giovane Werther*! Era uno dei miei libri preferiti! Bene, lascio i cattivi pensieri nella cabina e salgo in coperta. Venezia, ormai, dovrebbe essere vicina e ho fatto una scoreggia che se non esco da 'sta cabina muoio prima del tempo.

Io di quanto è bella Venezia ne parlerei anche, il problema è che lo sanno tutti. Per essere originale potrei parlarne male. Ma che senso avrebbe? E poi io non sono una persona originale, ho solo perso la memoria. E questo è il mio diario. Quindi se ho voglia di parlarne, chi me lo impedisce? Anzi, guarda, lo dico: Venezia è bella... e poi? Il problema delle cose belle è che una volta che hai detto che sono belle, hai finito le cose da dire. Il resto sono le sensazioni che provi quando le vedi. La prima cosa che mi viene da chiedermi è a chi è venuto in mente di costruire una città proprio qui. Capisco che c'è il porto, però perché hanno deciso di costruirla su un'isola? Voglio dire, ce ne avevano di terraferma intorno. Invece no, han detto: «Sì, lo so signori che costruire una città sulla terraferma sarebbe più semplice, ma a noi ci piacciono le cose difficili e quindi la costruiamo su un'isola vicinissima alla terraferma». E hanno cominciato a costruirla. Poi chissà perché in una laguna, che è notoriamente un luogo malsano. Infatti quest'acqua fa veramente schifo. Insomma, si sono messi a costruirla e ci avranno anche messo un sacco di tempo. Che poi, secondo me, non è nemmeno in un punto particolarmente strategico. Voglio dire, è vero che è sul mare, ma è un mare chiuso. Be', però a quei tempi il mondo era più piccolo. Praticamente, per chi viveva in Italia il mare era solo il Mediterraneo. L'America non l'avevano ancora scoperta. Credo. Vabbe', basta con 'sta pippa. Di cos'è che stavo parlando? Ah, sì, di Venezia che è bella. Venezia non è bella. Venezia è meravigliosa. E se ci arrivi dal mare passando in mezzo a tutte le isolette mentre il sole se ne va a dormire, è cosa per la quale vale la pena vivere. Anche se ormai sono morti, volevo dire ai signori che hanno costruito questa città che hanno avuto una grande idea. Una grande idea perfettamente eseguita.

Un'Opera d'Arte.

Chiedo scusa se continuo, ma sono davvero incantato da questo posto. Peccato che non ti facciano entrare nei canali con la barca. Posso capire in agosto, ma in inverno non è che ci sia tutto 'sto traffico. Be', comunque, sono al porto che cerco qualcuno per lasciargli la barca. Me la verrò a riprendere l'estate prossima. La barca è bella, ma adesso basta. Voglio tornare alla civiltà.

«Pronto?»

«Matteo, ciao sono Renzo.»

«Ciao Renzo. Come va?»

«Bene, bene. Senti ti chiamavo per...»

Boooooo.

«Ma dove sei, in crociera?»

«No, no, è che sono a Venezia e...»

«Vabbe', senti ti volevo chiedere se avevi voglia di...»

«No, guarda Renzo, ti ringrazio, ma ancora non sono sicuro di volerlo fare un programma sulla mia storia. E poi adesso...»

«Magari fammi parlare, però! Ascolta, non sto parlando di quella cosa lì. Per quella vedremo. Volevo chiederti se avevi voglia di andare a New York a fare l'inviato per un programma. Sai, sarebbe carino avere una voce che racconta il Natale a New York e avevamo pensato a te. Magari ti fa bene cominciare a lavorare.»

«Devo risponderti adesso?»

«Direi di sì. Dovresti partire al massimo dopodomani. Il Natale non dura un mese...»

«Va bene. Ci vado.»

«Perfetto. Ti faccio chiamare per il contratto.»

«Okay.»

«Matteo.»

«Dimmi.»

«Ma cosa ci fai a Venezia?»

«Vado in gondola.»

«...»

«Ci sentiamo. Ciao Renzo.»

«Ciao.»

Lo so che è da quando ho perso la memoria che non faccio altro che viaggiare. Però "Natale a New York" sembra il titolo di un film. O forse lo è?!

51

Esistono due tipi di regali. Quelli che piacciono a chi li riceve e quelli che piacciono a noi che li facciamo. I primi servono a fare felici le persone a cui teniamo, i secondi a raccontare loro qualcosa di noi. È per questo che il regalo è una cosa talmente intima che dovrebbe essere fatto solo a chi si tiene davvero.

«Sì, pronto.»

«Tesoro, sono io.»

«Eva?»

«Seh, Adamo. Sono la mamma! Non mi riconosci neanche più?»

«Ciao mamma scusa ero sovrappensiero.»

«Eh sovrappensiero, è che sei sempre in giro, non ti fai mai vedere, per fortuna che adesso c'è Natale che casca proprio a fagiuolo, eh!»

«Cosa fa il Natale mamma?»

«Casca a fagiuolo, arriva nel momento giusto per stare un po' insieme, visto che andiamo tutti in montagna.»

«Tutti chi?»

«Tutti noi Matteo, la tua famiglia. Tesoro il Natale, nel mondo lo si passa con i propri cari, perché è un momento d'amore, di gioia.»

«Buono a sapersi.»
«È tornata anche tua sorella e quindi siamo io, te, la nonna, la Titti e il suo fidanzato, si parte domani tutti insieme...»

Ho capito davvero poco delle regole natalizie. Con chi lo si passa, come, cosa si fa in questi casi. Cioè in "questo caso", visto che di Natale ce n'è uno all'anno. È successo poche volte che mi sentissi a disagio da quando ho avuto l'amnesia. Be', direi che questa è decisamente una di quelle. Mi trovo a Milano in corso di Porta Ticinese, una delle vie dove la gente va a comprare cose nei negozi. I marciapiedi sono ingombri di persone con sacchi e pacchetti, pacchi e sacchetti. Le mamme camminano in fretta strattonando i bambini per mano, uomini di tutte le età discutono con le commesse dei negozi su quale regalo sia più appropriato per mogli o figli. L'unico che non sa da che parte girarsi sono io. Adesso ad esempio sono immobile davanti a una vetrina da circa un secolo. Ma non è che non so cosa comprare, è proprio che non so come muovermi, mi sfuggono le regole del gioco. Innanzi tutto non capisco perché tutte 'ste luci accese. Come se per fare una festa ci si dovesse vedere meglio in faccia. E poi cosa dovrei comprare? Già è difficile immaginare un regalo per una persona, figuriamoci doverli comprare tutti insieme per persone di cui sai pochissimo. Mia mamma, mia nonna, mia sorella e il suo fidanzato. Sono qui davanti a una vetrina di oggetti per la casa e cerco di immaginare se quella lampada può andare bene per mia sorella, quello scendiletto per mia nonna, ma non mi sembra che questo sia il modo giusto. Cioè, non è che penso a una persona, mia mamma, e cerco una cosa che vada bene per lei. Non dovrebbe essere così, dovrebbe essere il contrario. Vedo un oggetto, e quell'oggetto è talmente giusto, talmente appropriato per mia mamma che me la fa venire in mente, quindi entro e lo compro per lei. Però non sono queste le regole di questo gioco del Natale, quindi basta, entro qui e compro quello che capita.

52

Ci sono cose che puoi scegliere se fare oppure no. Altre che sei obbligato a fare e quindi le fai controvoglia. Poi, però, quando ti ci ritrovi a farle, ti accorgi che non sono tanto male. Che il pensiero era peggiore della realtà. E quindi se proprio sei obbligato a fare qualcosa, forse è meglio farla e basta.

"Il buongiorno si vede dal mattino" diceva qualcuno che non mi ricordo chi fosse. Sono le nove meno un quarto, fa un freddo cane e sto aspettando mia madre per andare in montagna. Niente, non c'è stato verso, ho provato a convincerla in tutti i modi che stare a Romentino sarebbe stato uguale, ma non ha voluto sentire ragioni. «Il Natale si fa in montagna, Matteo. Guarda che forse è perché non te lo ricordi, ma fare il Natale in montagna ti è sempre piaciuto tantissimo.» Secondo me non è vero. Secondo me, mia madre sta approfittando del fatto che io ho perso la memoria. Voglio dire, che senso ha andare in un posto a duecento chilometri di distanza perché è Natale? In un posto in cui, tra l'altro, fa anche freddo. Io il freddo lo odio. Lo so di non avere una grande esperienza, però a mio parere il caldo è meglio del freddo, l'estate è meglio dell'inverno, il mare è meglio della montagna. Così le ho dette tutte. Ecco mia madre. Metto la borsa nel bagagliaio e via che si va. Lei è tutta contenta e anche io lo sono, in fin dei conti non la vedevo da un sacco di tempo. Mentre imbocchiamo l'autostrada mi chiede del viaggio in barca. Io le rispondo, ma le rispondo con frasi brevi. Quasi avessi vergogna di raccontarle tutto. Certo che è strana questa cosa: in fondo mia madre è la persona più cara che ho, eppure con lei ho degli imbarazzi che con altri non ho. Però sono contento di andare in montagna. Forse davvero mi piaceva. Fuori dal finestrino ci sono solo macchine e fabbrichette. Dentro mia madre accende l'autoradio e lascia che siano altri a parlare per noi.

Mamma mia che palle. No, non sto parlando di mia madre, è che non ne posso più. Fra il traffico e la sosta in autogrill, praticamente sono quattro ore e mezzo che siamo in macchina. «Mamma, ma quand'è che arriviamo?» «Matteo, basta! È la settima volta che me lo chiedi. Mi sembra quando ti portavamo in macchina da piccolo.» «Cioè?» le chiedo io. Mi racconta che da piccolo cominciavo a chiedere quanto mancava appena salivo in macchina e smettevo solo quando all'autogrill mi compravano le rotelle di liquirizia. «E allora perché non me le hai comprate prima in autogrill?» «Perché hai trentadue anni, Matteo e comunque eccoci, siamo arrivati.» La casa è una di quelle classiche case di montagna. Con il tetto spiovente e i balconi di legno. È grande. Non so perché me la immaginavo più piccola, invece è proprio grande. «Ma è tutta nostra?» le chiedo scendendo dalla macchina. Lei mi guarda per qualche secondo e poi con la voce tremolante mi dice: «Ma allora non ti ricordi proprio niente?». «No, mamma. Ma credevo che ormai l'avessi capito...» Tiriamo fuori le cose dalla macchina e saliamo la scala che porta all'ingresso. In casa c'è un odore strano, un misto di legna da bruciare e legna già bruciata. È incredibile, perché muovendomi tra le stanze non riconosco nulla, ma quest'odore mi è familiare. Comunque la casa è veramente bella. Mentre accende la caldaia e apre le imposte, mia madre mi racconta che questa casa l'ha praticamente costruita tutta mio padre. Ci ha messo sette anni a finirla e un anno dopo è morto. Be', caro papà, io di te non mi ricordo, però sappi che hai fatto un gran bel lavoro. «Accendi il camino?» mi chiede mia madre. Io guardo la legna, guardo il camino e mi rendo conto che da quando ho perso la memoria, non ho mai acceso un fuoco. Be', non credo sia difficile, ce l'ha fatta l'*homo sapiens*, riuscirò a farlo anch'io.

Dopo venticinque minuti, ce l'ho fatta. Sono riuscito ad accendere il fuoco. E devo dire che è stata una delle più grandi soddisfazioni mai provate da quando ho perso la memoria. Mi sono sentito un po' sapiens pure io. La casa si sta lentamente scaldando e fuori il cielo ha voglia di nevicare. Mia madre è ai fornelli che spadella, io con il sedere appiccicato al camino che la guardo. Tra poco arriverà anche mia sorella, il suo fidanzato e mia nonna e la famiglia sarà finalmente unita. E il Natale sarà Natale.

53

Ho letto da qualche parte che l'attesa di qualcosa che ci piace è il momento in cui ci sentiamo più vivi, molto più che quando quel qualcosa arriva, come se aspettare fosse meglio che fare. Non so se è così, ma se lo fosse davvero dovremmo sempre immaginare che domani sarà un giorno importante.

Apro gli occhi e non so dove sono. È un istante che potrebbe durare due minuti o due ore. Conosco questa sensazione e mi terrorizza. Mi sollevo a sedere sul letto e guardo la stanza. Non è la mia e non so dove sono. Poi invece di guardare mi metto ad ascoltare e capisco tutto.

"Jingle Bells, Jingle Bells..."

Sono in montagna, sono con la mia famiglia e domani è Natale. Il mio primo Natale. Mi metto un maglione e vado in soggiorno. Mia nonna sta mandando un SMS col suo cellulare, mia mamma armeggia in cucina e mia sorella litiga con il Lele per la composizione del presepe. Lui sostiene che i re magi vadano posizionati sin da subito insieme agli altri, mentre lei dice che arrivano solo il giorno della Befana. «Matteo, secondo te quando arrivano i re magi alla capanna?» mi chiede lei e io: «Chi sono i re magi?».

Arriva il momento dell'albero. Mia sorella sale dalla cantina con una scatola lunga e stretta coperta di muffa. Emana un odore insopportabile. Ne tira fuori una cosa verde piena di aghi di plastica spettinati. Sembra un porcospino che si sveglia dopo una sbronza. È l'albero di Natale. Mia nonna sta spolverando le palle rosse e bianche da appenderci sopra. Io guardo l'albero che ora che è aperto con tutti i rami stesi sembra chiedere pietà. «È quello di quando eravamo piccoli» mi dice mia sorella orgogliosa. «Be' Titti, si vede» le rispondo. Mi propongo di andare a prenderne uno nuovo per festeggiare questo Natale. Fuori dalla finestra c'è un intero bosco di pini. Esco, prendo un badile e comincio a scavare intorno alle radici di un abete che mi arriva all'altezza delle spalle. Rientro in casa con la mia preda sulla carriola felice finalmente di aver contribuito alla causa natalizia quando sento un urlo alle mie spalle. Dalla cucina appare mia sorella indemoniata che non so come sia ma la immagino proprio come mia sorella in questo momento. Si inginocchia davanti all'albero e accarezzandolo sugli aghi inizia a parlargli come fosse al capezzale di un moribondo. Tiene un sermone di dieci minuti sulla meschinità dell'essere umano che piega la natura ai suoi desideri più infimi. Parte dal buco nell'ozono per arrivare alla futura glaciazione che il mio gesto causerà. Gli versa dell'acqua da una brocca manco fosse una balena spiaggiata. Guardo allibito Emanuele che scuote la testa come a dire: "Tranquillo non è niente", io cerco di sdrammatizzare, dicendo che il bosco ne è pieno e i suoi genitori non se ne accorgeranno nemmeno, ma lei non capisce la battuta e continua a chiedere scusa all'albero per tutte le nefandezze del genere umano, poi si gira, mi guarda e mi dice: «Credevo avessi perso la memoria, non il cuore!».

Fortunatamente mia sorella non è matta, è solo un'ecologista convinta. Io ho ripiantato l'albero nel suo stesso buco e lei gli ha dato un nome, lo ha chiamato Dario. Dice che dare un nome alle piante restituisce loro dignità, io sostenevo che Pino come nome era più appropriato ma lei non ha capito nemmeno questa di battuta o semplicemente non faceva ridere come l'altra. Comunque la situazione è tranquilla ora. Io e la Titti abbiamo fatto pace. Mentre lo facevamo pensavo che lei deve essere stata la prima persona con cui ho litigato e con cui ho fatto pace in vita mia, credo che tutti abbiano litigato e fatto pace per primi con i propri fratelli o sorelle e forse è questa libertà di litigare e rappacificarsi che ti unisce in silenzio.

Fuori è arrivato il gelo quello vero, quello buono da annusare, quello che ti fa venir voglia di stare in casa. Stiamo mangiando l'insalata russa di mia mamma che dopo il tiramisù pare sia la cosa più buona che sa fare, ed effettivamente è squisita. Mia mamma ascolta il Lele che racconta una delle sue teorie, mia sorella aiuta mia nonna a tagliare una fetta di formaggio mentre lei le racconta di mio papà. Io li guardo. Guardo loro e guardo me. È bello osservare queste persone, la mia famiglia. È bello farlo mentre non mi guardano, mentre sono indaffarate a fare altro. Mi piace il modo in cui stiamo insieme, in cui loro stanno con me e io con loro.

Mi domando se serva davvero tutta 'sta scenografia per passare una serata come questa, se debba per forza essere la vigilia di Natale per stare insieme in questo modo. In fondo credo che sia un po' come quando vai al cinema, ti siedi, si spengono le luci e appaiono le prime immagini, tu ti dimentichi il mondo fuori e hai voglia di vedere la storia che sta per passare su quello schermo, sei pronto insomma, sei ben disposto; qui è lo stesso, entri in casa, vedi l'albero, senti il profumo del cibo, guardi la tua famiglia e hai voglia di volerle bene.

«Pronto?»

«Matteo Caccia?»

«Sono io.»

«Buon Natale, sono Cinzia di Radio2.»

«Ma dài! Telefonate per gli auguri di Natale?»

«No, guardi, la chiamavo per ricordarle che il suo volo per New York parte domani alle undici e quindici da Malpensa e che all'aeroporto di New York troverà Simona che l'accompagnerà in hotel.»

«Ah. Be', grazie. E... buon Natale.»

«Grazie e... buon Natale anche a lei.»

Dopo i tortellini in brodo, e gli inutili regali, sono in macchina che torno a casa. Sono le quattro del pomeriggio e il cielo sta già diventando buio. Questo è stato il mio primo Natale dopo l'amnesia. Devo dire che non è stato per niente male. Alla fine è un po' come una domenica in cui però ci si scambiano i regali. Mia sorella mi ha regalato un maglione, mia mamma una camicia e mia nonna un paio di pantaloni. Almeno domani avrò qualcosa di nuovo da mettermi. L'autostrada è deserta e i pochi che ci sono hanno fretta di andare in qualche casa a mangiare quello che è avanzato.

54

Mi ci ha portato Eva, all'aeroporto.

Gliel'ho chiesto io. Mi rassicurava. È arrivata con un vestitino maculato e i capelli raccolti sopra la testa. Sembrava un ananas. Sono su un tapis roulant da un quarto d'ora. Eva mi ha lasciato al Terminal A e il mio aereo parte dal Terminal B. È bellissimo andare sul tapis roulant. Sembra di essere portati in braccio. Guardo tutti i negozi sfilare lenti e penso a quelli che ci lavorano dentro. Lavorare in un posto dove c'è solo gente che parte. Che forse non rivedrai più. È geniale mettere dei negozi in un posto in cui la gente è costretta ad aspettare. Forse è per quello che ti obbligano ad arrivare due ore prima, perché così hai il tempo di vedere tutti i negozi e di comprare qualcosa. «Permesso» mi dice un signore alle mie spalle. Mi scosto e lui continua a camminare. Ah, ma si può anche camminare sul tapis roulant! Ci provo anch'io. È una sensazione bellissima! Sembra di camminare velocissimi. Guardo le persone che stanno camminando sul pavimento con aria di superiorità. Mi sento un gigante con delle gambe lunghissime. Con la scritta TERMINAL B, termina anche il tapis roulant. Appena tocco il pavimento mi sento strano. Mi ricorda la sensazione di quando tocchi terra dopo giorni che sei stato su una barca.

Sono seduto nel posto vicino al finestrino e sgranocchio dei wafer alla nocciola. Alla fine ho comprato qualcosa anch'io. Una confezione famiglia di wafer, per la precisione. C'erano anche più piccole, ma quella familiare era in offerta. Mi sembrava uno spreco comprare quella piccola. Il mio vicino di posto legge un giornale scritto in inglese. Piego un po' la testa e provo a leggere di nascosto. Capisco tutto. Bene. L'inglese lo so. Almeno a New York mi capiranno. Alla fine è bella quest'amnesia. È come uno di quei giochi di società in cui uno sa una cosa e gli altri no. Esiste un gioco così? Boh, forse no. Che gioco di società sarebbe? Un gioco di merda. Be', comunque il fatto che tutti quelli che parlano con me non sappiano che io ho perso la memoria, mi diverte. Che palle questo aereo. Sono venti minuti che giriamo per le piste di questo aeroporto. Sarà mica un aereo che non vola. Cazzo, a questa velocità fino a New York, è lunga. Poi c'è il mare, di mezzo. Affonderebbe.

Ah, no ecco. L'aereo si ferma, i motori cominciano a urlare, partiamo. Minchia se va veloce. Così sì che ci mettiamo poco ad arrivare a New York. Era una battuta. È che ho paura. Ecco cos'è. Paura. Vuoi vedere che ho paura di volare e non me lo ricordavo?

Ho passato la prima ora aggrappato al sedile. Ho quasi staccato uno dei braccioli. Poi la hostess è passata col carrellino delle bevande. Le ho chiesto qualcosa di alcolico e lei mi ha dato un Cubalibre. Ora sono al quarto e devo dire che sto bene. Mi guardo intorno per vedere le facce degli altri passeggeri. Anche loro non sembrano tranquilli. Secondo me hanno tutti paura di volare. Ed è una paura giustificata. Gli aerei cadono. In fondo non è naturale che l'uomo voli. Così come non è naturale che gli uccelli prendano il treno. Ma tutti prendono l'aereo per fare prima. Tutti vogliono sempre fare prima. E forse hanno ragione. In fin dei conti se devi andare in un posto, meno ci metti e meglio è. Anche se rischi la vita. Sono ubriaco. Il tipo accanto a me ogni tanto si volta e mi guarda con schifo. Devo avere un fiato da giocatore di carte. Alzo gli occhi e vedo un piccolo televisore che mostra una cartina del mondo con un piccolo aereo in mezzo che vola piano piano. «Ma quelli siamo noi?» chiedo urlando al mio vicino di posto. Lui annuisce infastidito e torna a leggere il giornale. Che roba. Siamo noi. Stiamo volando sull'oceano. Provo ad alzare piano piano la tendina del finestrino che avevo abbassato prima per paura. È bellissimo. C'è un tramonto da levare il fiato. Il sole è una palla rossa che colora di rosa gli spumoni di nuvole. Ma da quant'è che viaggiamo? Saranno quattro ore. Se siamo partiti alle undici del mattino com'è che c'è già il tramonto? Forse sono davvero troppo ubriaco. Forse è meglio dormire.

55

Alla fine ho dormito tutto il tempo. Passo il controllo passaporti e vado verso il ritiro bagagli. Sento un cane abbaiare, alzo gli occhi e vedo un Beagle, uno di quei cagnetti inglesi maculati che scodinzola davanti alla mia valigia sul nastro trasportatore. Un poliziotto mi obbliga ad aprirla e comincia a rovistare senza pudore nelle mie cose fino a che non tira fuori un salame grasso. Comincia a puntarmelo contro come fosse un'arma, gli spiego che è un salame della duja, che è tipico del novarese, è ottimo da mettere nella paniscia, il nostro risotto con le verdure, e che lo voglio regalare ai miei colleghi qui a New York, ma forse la mia spiegazione non gli interessa, prende il salame e lo getta in un contenitore pieno di cibo che porta la scritta: INCINERATOR, inceneritore. Chiudo la valigia, mentre lui si allontana con quel bastardo del cagnolino che gli trotterella dietro. Passo la porta scorrevole che dà sull'esterno e tra le decine di persone che aspettano, vedo una ragazza, minuta con i capelli a caschetto biondi e un sorriso molesto che tiene in mano un cartello: RAI - MR CACCIA.

Simona si chiama la ragazza con il sorriso furbo e i capelli biondi, sta facendo uno stage alla Rai di New York e le fanno fare un po' di tutto "compresa l'accoglienza" mi dice con questo sorriso che spiazza tanto è aperto. La sede della Rai qui a New York è in un edificio storico di mattoni rossi. Studi e uffici stanno al venticinquesimo piano. L'ascensore ci fa salire così velocemente che mi si tappano e stappano le orecchie almeno tre volte nel giro di trenta secondi. Il direttore mi viene incontro, mi dà il benvenuto e mi porta a fare un giro della sede. Ci sono vetrate e terrazze che danno a nord e a sud di Manhattan. Vista da qua, con le nuvole basse, i grattacieli e il traffico là sotto mi ricorda Gotham City, che non so come me la ricordi ma questo è quello che mi viene in mente. Lo studio radiofonico è piccolo ma c'è tutto quello che serve per raccontare un po' la città sotto le feste natalizie. Il posto è magnifico, ma la cosa divertente sono le persone che ci lavorano. Sono tutti italiani o di origini italiane. Nei corridoi si sentono parlare dialetti di tutti i tipi: ligure, romano, veneto, siciliano. Durante la pausa pranzo gli impiegati tirano fuori i pasti portati da casa, per lo più pasta, panini al prosciutto ma anche risotto e lasagne. Ci sono copie di giornali italiani dappertutto. Questa è una comunità, sono delle persone che lavorano insieme ma che come primo elemento aggregante non hanno il lavoro, hanno l'origine comune. Ci si sente più italiani a stare fuori dall'Italia, ma credo che sia comune a tutti gli stranieri all'estero. Più ti allontani dal posto in cui nasci e più ti tieni strette le cose che a quel posto ti rimandano. C'è sempre qualcosa che tiene insieme i gruppi di persone: per le famiglie è il sangue, per i tifosi è la squadra di calcio, per queste persone invece è l'italianità, non l'Italia, ma l'essere italiani.

Rimango tutto il pomeriggio al telefono con Roma per preparare il programma, visto che da domani siamo in diretta. Quando saluto il regista che a Roma se ne va a dormire, realizzo che io, invece, al posto dove dormire non ci ho proprio pensato. Chiedo se qualcuno conosce un albergo a buon prezzo e tutti intorno mi guardano come un pazzo. Il direttore chiama Simona e le assegna un nuovo compito: trovarmi una stanza. Lei sembra indispettita, anzi sembra proprio che le girino le palle, ma sorride come sempre e dice: «Ci provo». Intanto gli uffici si svuotano e anche la mia testa lo fa, visto che sono le otto di sera ma per me sono le due di notte. Mi appoggio su un divanetto e quando Simona mi risveglia sono le undici e lei ha una faccia che sembra le sia passato un tir sugli alluci. Mi trascina via dal divanetto dicendo che alberghi per stanotte non ne ha trovati. Dice che venire a New York senza prenotare una stanza sotto Natale è da imbecilli o da figli di papà e non sa se sia meglio l'una o l'altra cosa, dice che per stanotte starò da lei, che ha una casa con altri ragazzi, ma di non abituarmici, che domani mi devo trovare qualcosa. La ringrazio imbarazzato, ma a lei torna immediatamente il sorriso. La sua casa è a un'ora di metropolitana, è piccola ma accogliente. Vive con una ragazza argentina, uno svedese e un giapponese. Nella sua stanza c'è un letto matrimoniale piccolo, dice che il divano è sfondato, non se la sente di farmici dormire e che mi devo accontentare di dormire con lei. Io sono stanco ma comincio a guardarla con occhi diversi, è davvero carina, ha un sorriso incantevole e un corpo piccolo e tornito. Chissà se fa così con tutti, cioè se con tutti è così cortese, se sorride in quel modo, forse no. Forse un po' le piaccio. Per forza è così. Mi metto un bel paio di boxer, la mia migliore T-shirt da notte e mi infilo sotto le coperte. Lei torna dal bagno, entra nel letto, spegne la luce dicendo: «Buonanotte». Io mi avvicino quasi a sfiorarla e la chiamo: «Simona».

È il primo rifiuto della mia vita. E la cosa peggiore è che è arrivato in maniera garbata. Era buio ma sono riuscito a vedere il sorriso di Simona mentre mi allontanava la mano che le avevo appoggiato sul fianco dicendo: «No Matteo, forse non ci siamo capiti». Ma non è così: non ci siamo capiti perché non c'era proprio niente da capire. Io mi sono fatto un film nella mia testa e adesso è quasi l'alba e non ho chiuso occhio per la vergogna. Ho aspettato che si addormentasse e mi sono trasferito su 'sto divano che è una tortura. Non so se brucia di più la delusione maschile per il rifiuto o l'imbarazzo infantile per aver creduto che lei volesse fare l'amore con me. Ecco, in momenti come questi odio quest'amnesia! Queste sono cose che devono succedere la prima volta a quindici anni, non a trentadue.

56

Io continuo a pensare che il caldo sia meglio del freddo. Ma riconosco che anche vivere con il freddo ha degli aspetti positivi. Così come in primavera i fiori fioriscono, in inverno la neve cade. Ed è giusto che sia così. Però, secondo me, l'estate è più bella.

La cosa bella di farsi la doccia in casa di una donna è che hai sempre un sacco di prodottini buonissimi da usare. Tipo questo bagnoschiuma al tamarindo, è talmente buono che me lo berrei. Ma vediamo di muoverci che è davvero tardi. Simona è di là che passa l'aspirapolvere. Non riuscendo a stare ferma ha praticamente pulito tutta la casa. Ora ho solo voglia di uscire, di vedere la neve cadere e di cercare di non fare la figura dello psicopatico alla radio. Siamo in ascensore e Simona ha messo un profumo che sembra di essere in un centro massaggi. Finalmente si aprono le porte. Salutiamo il custode e fuori dalla porta veniamo catapultati in un'altra dimensione. In un mondo uguale a quello di prima però completamente bianco, pulito e silenzioso. In cui tutti scivolano e si divertono tantissimo. Una signora è appena caduta e secondo me si è fatta pure male, però sta ridendo e anche i due signori che la stanno tirando su ridono. Un papà toglie con le mani la neve dal vetro della macchina, mentre il figlio gli tira palle di neve dure come sassi. Ma il papà ride. Ogni tanto gli dice di smetterla, ma ride. Ridono anche due tizi che hanno appena fatto un incidente. Perché per una volta non è colpa di nessuno. Nevica. E quando nevica è così. E io che vedo tutto questo, rido pure io. Perché è bastata un po' di acqua congelata e per tutti una giornata normale è diventata speciale...

In radio tutto è pronto. Tra poco c'è il collegamento. «Ti lasciamo solo così pensi a cosa dire» mi ha detto Simona. Sono passati dieci minuti e ancora non mi è venuto in mente niente. Guardo il microfono e ascolto la radio nelle cuffie. Forse davvero non riuscirò più a farlo 'sto lavoro. O forse è proprio così che si fa. Si sta zitti fino a un secondo prima della diretta e poi lasci che le parole vengano fuori da sé. Non mi sembra così complicato parlare per sei minuti di cose a caso. Al di là del vetro un signore con la barba mi saluta con la mano. Io ricambio il saluto, ma poi capisco che in realtà è un segnale. Il saluto si trasforma in cinque, quattro, tre, due, uno...

57

Mi piacerebbe capire da dove vengono certe tradizioni, certe usanze, i modi di dire e i modi di fare. Mi piacerebbe anche sapere dove nascono le inclinazioni, perché una persona è portata per un'attività piuttosto che per un'altra e come si fa a scoprirlo. Forse entrambe le cose, usanze e inclinazioni, in fondo non nascono da sole, siamo noi a guidarle, e poi diamo loro un'aura di indipendenza per sollevarci dalla responsabilità.

Esco dallo studio, mi affaccio alla finestra che dal venticinquesimo piano guarda Manhattan e i suoi grattacieli. Seguo l'infilata di strade che partono qua sotto e portano verso nord. L'Empire State Building sembra un dito con un'unghia metallica che indica il cielo. Chissà chi lo ha costruito. Chissà quante ore di lavoro ci hanno messo. Migliaia di mani e di braccia a mettere su pezzo per pezzo quello che un architetto ha progettato. Chissà chi lo ha disegnato. Chissà come ha imparato a tirare su un edificio così alto che stia in piedi. «Bravo Matteo, complimenti!» È il direttore della Rai di New York, mi dice che il programma era ben fatto, che sono proprio bravo... Io lo ringrazio ma non capisco esattamente a cosa si riferisca. Penso che quello che ho fatto è stato parlare, e raccontare le cose che mi piacciono di questa città, penso che sia una cosa che faccio anche con Eva, o con mia mamma, l'unica differenza è che, invece di avere qualcuno, davanti avevo un microfono. Lo penso, ma ovviamente non glielo dico e reggo il gioco. Mi chiede da quanto lo faccio. Io non ho raccontato nulla dell'amnesia in diretta, e quindi tengo la parte anche con lui, dico che lo faccio da qualche anno, che mi piace molto, lui dice che si sente che mi diverto, che sembro fatto apposta per stare al microfono, io sorrido e dico grazie, mentre lui parla guardo la sua bocca ma penso che forse questo lavoro allora lo so fare, ma non capisco esattamente cosa so fare, parlare lo sanno fare tutti tranne i muti o i bambini piccoli, quindi non capisco bene quale sia la perizia. Lui è entusiasta, mi presenta a una giornalista che passa nel corridoio, mentre le racconta chi sono e cosa faccio, io riprendo a guardare fuori, a guardare l'Empire State Building là in fondo con tutto il lavoro che ci è voluto per farlo, finché sento il direttore che mi chiede: «Matteo, sapresti dirmi come si impara a stare al microfono?». Io, tenendo gli occhi fissi alla finestra, rispondo: «No. E lei direttore saprebbe dirmi chi ha costruito l'Empire State Building?».

Saluto tutti con l'arrivederci di quando sai che in realtà non rivedrai più quelle persone, ma non ti interessa poi così tanto. Scendo in strada e mi incammino verso casa sulla neve compatta. Penso che ho finito un lavoro, è stato breve, ma era comunque un lavoro. È finito e difficilmente ricapiterà un programma da qui, da New York, magari farò altre trasmissioni, magari farò quella che la Rai mi ha chiesto di fare in cui racconto della mia amnesia, ma di fatto questa è un'esperienza conclusa. Forse dovrei sentirmi triste, e invece penso a quello che deve ancora accadere, che non so cosa sia ma che accadrà in futuro, domani, dopo, tra un mese, un anno. Magari perdo ancora la memoria e manco mi ricordo di questo programma o di New York e quindi non mi può venire la malinconia di una cosa che è finita se manco me la ricordo.

58

La cosa bella dei bar di questa città è che puoi sederti, ordinare un caffè e startene a pensare ai fatti tuoi senza che nessuno ti dica niente. La cosa brutta dei bar di questa città è che il caffè fa veramente schifo. Fuori ha smesso di nevicare, ma sembra solo una pausa di riflessione che il cielo si è preso prima di ricominciare a piangere lacrime ghiacciate. Wow, che poetico che sono stamattina.

Squilla il cellulare.

«Sì?»

«Ciao Teo, son la Simo.»

«Ue' Simo, che confidenziale che sei oggi.»

«Sì, lo so... è che ho pensato alle cose che mi hai detto l'altra mattina.»

«Perché, cos'è che ti ho detto?»

«Lasciamo perdere, tanto non è importante. Senti ti volevo invitare a cena.»

«Simo, scusa, è che stavo pensando di partire e poi stasera devo...»

«Devo...?»

«Mah, in realtà niente è che...»

«Dài vieni, così ti prendi anche la valigia.»

«Ah, già...»

«Dài...»

«A che ora?»
«Nove? Dài.»
«A dopo.»
«Ciao.»

Massì, chemmenefrega. E poi c'ho pure fame. Sono due giorni che non mangio. L'unica cosa è che non ho voglia di passare la serata a sentirmi le menate di Simona. Però è meglio che mangiare da solo al ristorante. E poi la devo smettere di essere così misantropo. Da soli si sta bene, ma non bisogna esagerare.

Appena entro in casa di Simona riconosco il divano più scomodo del mondo, quello in cui mi sono costretto a dormire dopo che ci ho provato con lei. Nell'aria c'è un odore buonissimo: è odore di cibo, ma non è l'odore di margarina bruciata che si respira per le strade di questa città, no. È un odore buono che sa di casa. Simona spunta dalla cucina con una pentola in mano piena d'olio e di cipolla che soffrigge. È raggiante, indossa una canottierina grigia e una gonna bianca di cotone. È a piedi scalzi. In effetti in quest'appartamento ci saranno ottanta gradi. Vorrei togliermi il giubbotto ma ancora sono imbarazzato per il due di picche che mi sono preso da questa ragazza e non vorrei sembrare inopportuno. «Spogliati pure, tra un attimo è pronto» mi dice lei. Ah be', se lo dice lei!

Vado verso la cucina ma Simona esce, mi spinge sul divano, mi sale sulle ginocchia e inizia a baciarmi sulle labbra.

Io mi libero e le dico: «Volevo scusarmi per l'altra sera» ma lei con le labbra attaccate alle mie riesce a dire: «No, sono io che devo chiederti scusa per l'altra sera».

Lei continua a baciarmi e mi sfila la camicia. Mentre mi spoglia penso che questa è la donna da cui ho avuto il mio primo rifiuto ed è la prima donna che vuole fare l'amore con me, e penso che le donne non le capisco, ma che forse è per via dell'amnesia.

Provo a concentrarmi per sentire se i suoi baci mi ricordano qualcosa. Non lo so. Forse sì. Forse qualcosa me lo ricordano. È bellissimo. Forse mi ricordano solo il fatto che baciare è una delle cose più belle del mondo. Basta. Non ho più voglia di pensare. Non ho voglia di ricordarmi che cosa mi ricorda quello che sto facendo. Ho voglia di farlo. Ho voglia di fare l'amore con lei. Ho voglia di farlo ora.

Mamma mia quant'è bello far l'amore. Io lo so che tante volte può sembrar banale quello che dico, è che tra tutte le cose che non mi ricordo più, ci sono pure quelle banali. Che banali per me non sono. Sono nuove come quelle originali. Anzi, la maggior parte delle volte sono proprio quelle banali a essere le più belle. Perché anche se è banale dire che fare l'amore è la cosa più bella che c'è, fare l'amore è davvero la cosa più bella che c'è. Be', insomma, comunque io e Simona abbiamo fatto le cosacce e sono pure state delle gran belle cosacce. A vederla non lo diresti proprio e invece... Simona, dico. Urlava che sembrava Tarzan. Che per carità è bello sentire che una donna prova piacere mentre fa l'amore, ma a tutto c'è un limite. Eppure era vera, non faceva finta. Non è la celebrazione di me stesso come amante, anche perché a un certo punto sembrava che la mia presenza fosse del tutto ininfluente. Nel senso che, secondo me, mentre lei si agitava emettendo acuti, io sarei potuto anche andare in cucina a bere del succo di frutta e lei non se ne sarebbe accorta. Sembrava stesse soddisfacendo un desiderio suo, nel quale io ero una variabile del tutto ininfluente. Che poi era quello che facevo io. Sesso. Dare e ricevere piacere senza altro tipo di implicazioni. Non so come possa essere farlo con una persona che ami. Di sicuro aprire gli occhi e vedere che a godere del tuo amore è la tua donna è una cosa meravigliosa. Ma lo è anche ritrovarti per caso a far l'amore solo perché entrambi ne avevate voglia. Sono nel letto, appoggiato alla spalliera, con le gambe tirate su. Simona sta fumando una sigaretta e sorride. Guardandola meglio mi accorgo che le è cambiata la faccia. La sua espressione arcigna con le mascelle che si muovono di nervoso, si è trasformata nella pace di chi ha avuto tutto. Io invece mi sento inquieto, come se l'effetto di questa medicina a me avesse fatto l'effetto contrario. Non capisco bene da dove provenga questa specie di agitazione che intanto continua ad aumentare. Provo ad ascoltarmi cercando di darle un nome e più ci penso e più mi rendo conto che in realtà quello che voglio è andare via di qui. Non c'è niente di più brutto che dormire con chi non ami. Questo non lo sapevo, l'ho scoperto adesso. È strano come tutta la voglia di stare con lei che avevo prima si sia dissolta come il burro nella padella. Saluto Simona come si salutano le persone che conosci poco. Prendo la mia borsa ed esco.

Ho rifatto l'amore per la prima volta. Credo che tutti dovrebbero avere la fortuna di fare l'amore due volte per la prima volta. Io ce l'ho avuta e se potessi dimenticarmi di Simona e di questa notte, lo farei, subito.

59

Quando trovi quello che stavi cercando è come se la tua vita perdesse di senso. Mentre cerchi hai uno scopo. Le tue giornate iniziano e tu ti svegli sapendo che hai qualcosa da cercare. Che sia lavoro, amore o vendetta, non è importante. Basta avere qualcosa da cercare.

Chissà da dove viene tutta 'sta gente. Nel trenino che da Malpensa porta a Milano c'è solo gente che è appena scesa da un aereo. Che sia per lavoro, amore o piacere, non è importante, però siamo tutti qui perché prima eravamo su un aereo. Ci sono due amiche sui cinquanta che più che abbronzate, sono marroni come due castagne. Tra l'altro hanno anche la faccia un po' a castagna. Queste due stanno sicuramente tornando da un viaggio. Parlano di quanto era buono il ristorante dell'hotel. «Ma sai che da quando faccio sub, non riesco più a mangiare il pesce...» dice la più marrone delle due. Io scoppio a ridere, ma mi trattengo perché accanto a me c'è un signore che sta leggendo il giornale. Butto l'occhio per vedere che cosa è successo nel mondo. Lui se ne accorge e lo piega per non farmi leggere. Io ci rimango male e mi volto verso il finestrino. Fuori il cielo ha il classico colore che ha il cielo a Milano d'inverno: né bianco, né nero... grigio. Sto tornando a casa e stavolta mi sa per restarci. Quello che dovevamo capire lo abbiamo capito. In fondo questi quattro mesi sono stati divertenti. I miei primi quattro mesi di vita. E tutto è successo senza motivo. Semplicemente a un certo punto, il mio cervello ha fatto *tac*. Quattro mesi a cercare di capire il perché e il perché invece non c'era. Una casualità. Il corpo è una macchina perfetta, ma ogni tanto si rompe. Il trenino nel frattempo è arrivato a Milano e tutti si alzano per prepararsi. È bello tornare a casa. Credo sia una delle cose più belle che ci siano. E ogni volta è come se te ne dimenticassi. Aiuto le signore castagna a portar giù le valigie, mi metto il cappello e mi avvio verso casa.

Alla fine i taxi sono una delle cose per le quali vale la pena vivere. È come essere portati in passeggino dalla mamma. Io non lo so il perché, però in taxi ci vivrei. Purtroppo sono già arrivato sotto casa. Pago, prendo la valigia, scendo ed entrando nel portone sento un profumo di brioche appena sfornate. Mi guardo intorno e vedo che dall'altra parte della strada c'è una pasticceria. Non l'avevo mai vista. Saluto il tassista, attraverso la strada ed entro nella pasticceria. Dietro il banco ci sono due ragazze che servono le persone prima di me. Io guardo le vetrinette dei pasticcini e penso che vorrei comprarmi tutto. Da quando ho perso la memoria l'unico dolce che ho mangiato è stato il tiramisù di mia mamma. E invece guardando questa vetrinetta capisco che c'è tutto un mondo da scoprire. «Era un po' che non ti si vedeva» mi dice una delle due ragazze. E ora questa chi è? Effettivamente mi sembra di conoscerla. Ma non ho voglia di indagare. Rispondo che sono stato via per lavoro, prendo due cannoncini, due fragoline, pago ed esco. Ho voglia di andare a casa. Ho voglia di farmi un tè e di mangiarmi i miei pasticcini. Lo so che sembro il principe Carlo, ma è quello che ho voglia di fare. Entro nel portone e in fondo al cortile vedo la portinaia che pulisce le cacche dei piccioni con la canna dell'acqua. Appena mi vede le cade la canna. Io le faccio ciao con la mano e vado verso le scale. «Matteo, c'è della posta» dice lei con la voce da gabbiano. Uff, che noia. Ma perché non posso andare a casa a mangiarmi i miei pasticcini? «Vedo che stai bene» mi dice lei con un sorriso tirato. «Insomma, sono un po' stanco, ma...» Lei rimane qualche secondo in silenzio poi va a prendere cinque o sei buste nella guardiola. «Devi firmare qui» mi dice. Io firmo e faccio per andarmene. «Vedo che tutta questa cosa non ti è servita a niente. Ma non lo capisci che il Signore ti ha voluto dare un'occasione e tu la stai sprecando? Non lo capisci che se non si presta attenzione nella vita si fanno sempre gli stessi errori e che solo lui può indicarti la strada giusta da seguire? Perché non impari dagli insegnamenti che ti ha dato? Perché ti ostini?», poi mi dà le buste e se ne va verso il cortile. Ma questa che vuole?! E chi è questo signore che mi ha voluto dare l'occasione? In questo momento non ho voglia di pensarci. Voglio solo andare a casa e mangiarmi i pasticcini. Sono le nove, è l'ora della colazione.

Ci sono cose che, se ci fai attenzione, sono sempre belle. Lo so che continuo a ripetere che tornare a casa dopo un po' che sei stato in giro è una delle cose più rassicuranti che ci siano. Ma per me è davvero così. È un po' come la sensazione che si prova quando vai a letto la sera con le lenzuola pulite. Anche se sono cose che fai tantissime volte nella tua vita, ogni volta è come se fosse la prima volta. E dimenticarselo, secondo me, è da imbecilli. Eccomi a casa, insomma. Butto la borsa sul divano, mi levo la giacca e vado in cucina. Ho voglia di un tè e di mangiarmi i miei pasticcini. E poi ho voglia di fare colazione a casa mia. Da oggi inizia una nuova vita e quindi bisogna festeggiare. Riempio d'acqua il bollitore e intanto assaggio un cannoncino. E mi dico che a quello che ha inventato i cannoncini andrebbe dato un premio Nobel. La scienza senza dubbio è importante, ma il piacere dei sensi trovo sia assurdo non venga premiato. Perché è veramente buono 'sto cannoncino. Me ne mangerei un altro, ma voglio aspettare il tè. L'acqua sta per bollire e...

Driiiin!

... E ora chi è? Ma perché ogni volta che la solitudine ha un senso, c'è sempre qualcosa che rovina tutto quanto? Questa è la portinaia. Vedrai che è lei. Ora giuro che le tiro un pugno in faccia. Almeno la finisce. Non credo di essere una persona violenta, ma a tutto c'è un limite. Chiedo: «Chi è?» e sento: «Io». "Io chi?!" penso per un attimo. Poi metto l'occhio nello spioncino e la vedo.

Apro la porta ed eccola: Margherita.

Margherita è la donna che è venuta a trovarmi in ospedale il giorno dopo l'amnesia, la donna con cui sono stato per anni prima di perdere la memoria. Ora è qui davanti a me. Mi dice che quello che è successo l'ha sconvolta, che credeva fosse una scusa che mi ero inventato per non vederla mai più.

Io le dico che è stata lei a lasciarmi e lei mi risponde che lo sa e che è stata così presuntuosa da arrivare a pensare di essere stata addirittura responsabile dell'amnesia.

Piange in silenzio quasi non volesse farsi sentire.

Io la farei sedere, le asciugherei le lacrime e non so nemmeno perché dal momento che questa donna praticamente non la conosco.

Ho la sensazione che se la facessi uscire ora da casa mia mi risparmierei altre sofferenze, penso che forse questa donna è una minaccia per il mio futuro senza passato.

«Perché sei tornata da me?» le chiedo.

Lei alza gli occhi e con un tono lieve mi dice: «Non sono tornata. Sono venuta da te».

Io penso che non mi ha risposto, eppure è la risposta migliore che potesse darmi.

La faccio entrare in casa, preparo la cena e mangiamo senza troppo appetito. Margherita è bella come una bambina, parla lentamente e quasi sottovoce, mentre lo fa mi racconta com'era lei, com'ero io, com'eravamo noi, ma mi dice anche che non è importante come eravamo perché ora io non mi conosco ma non conosco nemmeno lei. Dice però che anche lei non mi conosce più e poi inizia a parlare di un disegno. È come se la nostra fosse stata una storia disegnata male, da una mano troppo pesante, e nonostante l'amnesia l'abbia cancellata, sul foglio sono rimasti i solchi della matita e basta passare un dito sulla carta per sentirli. Dice che su un foglio pieno di solchi non ci riesci a disegnare un'altra cosa. Dice però che prima di appallottolarlo e buttarlo nel cestino voleva vedermi ancora una volta.

Mi fa un sorriso dolce e triste e poi si alza dalla sedia. La guardo mentre si infila il cappotto e penso che questa donna dice cose che penso di conoscere, si muove come penso dovrebbe muoversi.

Margherita è il mio déjà vu.

Apre la porta, sta per uscire, io la fermo e la tiro verso di me, ma lo faccio in un modo così goffo e scomposto che quasi mi imbarazza e mi blocco. Rimaniamo immobili come sospesi in quello spazio tra le mie labbra e le sue, poi lei si avvicina. Si avvicina al punto che il suo naso e le sue labbra perdono i contorni, sono talmente vicini che si confondono. È tutto sfuocato e mi gira la testa, chiudo gli occhi allora, e un istante dopo sento il suo naso appoggiarsi alla mia guancia e poi le sue labbra appoggiarsi alle mie.

60

Ci sono cose che fai, che ripeti, trascinato da un'inerzia strana, all'infinito, senza cambiarle mai, sempre uguali, sempre le stesse. Quell'inerzia si chiama abitudine, che è la cosa che tutti cercano e tutti fuggono, perché è confortante e quindi è noiosa.

Sento qualcosa alle mie spalle. Una presenza che non saprei definire. Apro gli occhi, sono sdraiato nel mio letto, a casa mia a Milano. Mi giro lentamente per tentare di non muovere troppo il piumone. Margherita è raggomitolata in un angolo del letto e tiene un cuscino stretto tra le braccia. Mi avvicino, le bacio una spalla, lei si sveglia, anzi no, non si sveglia ma molla il cuscino, si gira verso di me, mi abbraccia e mi si accoccola vicino. È nuda nel mio letto, dorme profondamente e un filo di saliva le scende dall'angolo destro della bocca. È così bella che sembra disegnata. Io sfilo il mio braccio da sotto il suo fianco e piano piano mi alzo. Faccio tutto in silenzio, vado in bagno e mi faccio una doccia. Quando rientro in camera Margherita sta dormendo a pancia in su e forse è per questo che russa appena appena con un respiro profondissimo. Non so se svegliarla per la colazione oppure no. Metti che si sveglia mentre sono fuori e se la prende perché non l'ho avvisata? A vederla così però sembra che non ci sia una ragione al mondo per cui dovrebbe svegliarsi. Mi infilo un giaccone ed esco a cercare qualcosa da mangiare. Mi chiudo la porta alle spalle dando quattro giri di chiave per tenerla al sicuro e scendo le scale. È bello saperla in casa mia, sapere che la riempie mentre io sono fuori, sapere che torno e lei è lì. Raggiungo l'androne del palazzo, sento una musica uscire dalla guardiola, ma non ho nessuna voglia di imbattermi in quella morchia della portinaia, do le spalle al muro e striscio lungo tutta la parete, sembro il poliziotto di un film americano che fa un'irruzione, quando raggiungo la finestra della portineria mi metto a quattro zampe per passarci sotto, ma quando sono convinto di averla quasi scampata sento la sua voce stridula che mi chiama: «Matteo».

Mi sono infilato nel portone che si stava chiudendo e sono riuscito a evitare l'incontro con la portinaia. Ora sono davanti alla vetrina del bar pasticceria che c'è proprio di fronte a casa mia. Ho comprato un po' di giornali che so che non leggerò tutti, ma mi dà una bella sensazione pensare che se voglio posso leggere un articolo qui e uno lì mentre faccio colazione. Entro e la ragazza che mi ha riconosciuto l'ultima volta mi saluta e mi chiede: «Matteo, il solito?». Io fingo confidenza e dico: «Ma certo, grazie». Mi siedo al tavolino. La vetrinetta sul bancone avrà una dozzina di brioche diverse, lei ne prende una, mette una tazza sul vassoio e me le porta. È una brioche gonfia e rosolata. È la mia prima brioche, la addento e sento la marmellata che mi riempie la bocca, è fredda e mi sembra quasi di soffocare, poi riesco a respirare e comincio a sentirne il sapore. È un misto di dolce e salato che mi fa venire in mente quando tutti i giorni al mare mangiavo la torta che mia mamma portava in spiaggia e il sapore si mischiava con la salsedine che avevo sulle labbra. Me lo ricordo, e ricordo anche che era un'abitudine, che succedeva tutti i giorni. L'abitudine è confortante, è bello sapere che ci sono cose che ti accadono in sequenza, che quasi ti accadono automaticamente, senza che più nemmeno ci pensi: ti siedi sul divano e ti togli le scarpe, entri in un bar e ordini cappuccino e brioche alla marmellata, "il solito". Il solito racconta agli altri un pezzo di te, e credo sia rassicurante anche per loro, come se tu mantenessi la promessa che hai fatto e che fai tutti i giorni, la promessa di essere così, sempre così e non in un altro modo. Se le persone intorno a te possono prevedere le tue mosse si sentono al sicuro. Le abitudini ammiccano, ti dicono: "Dai che ormai ti conosci, tu sei fatto così" e non è facile abbandonarle e forse non è nemmeno giusto. Ordino un'altra brioche alla marmellata e poi ne prendo una per Margherita. Sì, ma quale? Quale sarà la brioche che lei mangia tutti i giorni? Le guardo tutte in fila, al cioccolato, alla crema, integrale al miele, alla Nutella, vuote, salate, e poi chiamo la cameriera e le chiedo: «Me ne dai una di tutte per piacere?».

61

È pazzesco perché ogni volta che tu credi di avere delle certezze, la tua vita cambia all'improvviso. Io non lo so se le cose capitano per caso, oppure se è già tutto scritto. Non ho letto abbastanza libri per poterlo dire con certezza e anche se li avessi letti non me li ricorderei. Però a me sembra strano che ci sia una persona che, ogni volta che nasce qualcuno, si mette lì e scrive la sua vita.

Le regole della vita a due sono diverse da quelle della vita da solo. Avrò perso la memoria, però è una cosa che ho capito in un attimo. Non voglio parlare di quello che vuol dire convivere con una persona. Questa è una cosa che farò più avanti. Prima di esprimere un giudizio, voglio avere degli elementi e una settimana mi sembra poco. Comunque, fatto sta che casa mia non sembra più casa mia. La guardavo giusto ora. È strano perché è come se mi venisse in mente quando l'ho vista per la prima volta. Mi ricordo dell'agente immobiliare che apriva le imposte per far vedere quanto era luminosa. E in effetti è proprio una casa luminosa. Solo che Margherita dice che bisogna imbiancare. «Io lo so che tu non ti ricordi niente, Matteo. Ho anche capito che non ti ricordi niente di noi. Tu pensi che io ti sia piombata qui per caso?» Io la guardo e non so che cosa rispondere. Effettivamente no, non penso che sia piombata qui per caso. Penso che il motivo per cui lei è qui ora sia dovuto al fatto che io e lei ci conoscevamo molto bene. Che forse lei davvero mi vuole bene. E poi perché ora è qui sporca della polvere che stava sui miei mobili, bella come la cosa più bella che c'è, a "ri-organizzare" casa mia? Io ho fiducia negli altri. Mi fido. Non so se è una cosa che mi è venuta dopo l'amnesia, però io degli altri mi fido. E poi mi piace da morire. Margherita, dico. È come se cominciassi a sentire che la riconosco. Che la sua voce, il suo modo di parlare, la sua faccia, tutto insomma, mi è familiare. E poi la amo. E questo, per il momento è più che sufficiente.

Niente, bisogna imbiancare. La decisione è stata presa. Effettivamente ce n'era bisogno. Le motivazioni che ha sciorinato Margherita secondo me sono esagerate, ma sicuramente ha ragione. Dice che imbiancare è un po' come disinfettare gli ambienti da tutto ciò che in quella casa è stato fatto. «Vedi, Matteo» mi dice seria, «tu forse non lo capisci che cosa significhi per me tornare in questa casa. Anzi, più che non capirlo, non te lo ricordi. Io però sì. Io mi ricordo tutto, ma ho deciso di crederci un'altra volta. E giuro che è l'ultima volta. Io sono innamorata di te. Sono evidentemente innamorata di te. Non so se dipenda dall'amnesia o dal fatto che stai crescendo, però da quando hai perso la memoria sei una persona diversa. Migliore o no, non l'ho ancora capito, però mi incuriosisci e poi ti voglio bene. Tu mi hai aiutato un sacco di volte e forse adesso è il caso che sia io a darti una mano. Non fraintendermi, non è pietà quella di cui sto parlando. È che noi ci amavamo tanto. Semplicemente ci voglio riprovare. Non ti dico che la cosa giusta sarebbe quella di vendere questa casa e di trovarne un'altra che sia solo nostra. Non te lo dico perché sarebbe assurdo e poi non abbiamo i soldi, però i soldi per buttare tutto quello che c'è qui dentro e far diventare questa la casa di tutti e due, ce li abbiamo. Se vuoi pago tutto io. Anzi, guarda, mi sembra giusto. Tu metti la casa e io tutto quello che ci sta dentro. Ti va?» Io l'ascolto come si ascolta il papa se sei cattolico. E poi ha ragione. Non c'è bisogno della memoria per capire se una persona ha ragione o torto. Quindi andiamo a comprare 'sta vernice e diamo una mano di bianco su tutto ciò che fu.

62

Vi è mai capitato di trovarvi in una situazione in cui vi sentite in colpa senza sapere il perché? O meglio, il motivo lo conoscete, ma non vi spiegate la reazione di chi vi sta incolpando? L'avete già vissuta? Be', io la vivo in continuazione. Ci sono volte però in cui reazione e senso di colpa sono motivate, altre invece in cui non lo sono per niente.

I mobili di casa sono ammucchiati al centro di ogni stanza in modo da lasciare le pareti libere e sono tutti coperti di lenzuoli bianchi per proteggerli dalla pittura. Margherita ha addosso una mia vecchia maglietta bianca e dei pantaloni da lavoro blu e anche così è splendida. È in cima a una scala e sta passando il rullo sulle pareti, che sembravano bianche e invece non lo sono, me ne accorgo solo ora che la vernice fresca attecchisce al muro. Il confronto tra il bianco vecchio e il bianco nuovo è impietoso. Le impronte lasciate sulle pareti dai mobili che ci erano appoggiati stanno lentamente sparendo. Mi soffermo un attimo ma distolgo lo sguardo per non farmi prendere da riflessioni prive di senso tipo: "Stiamo cancellando la memoria di questi muri". Ecco, volevo evitare queste considerazioni di merda e invece le ho fatte. Prendo le misure su una parete per capire dove mettere le mensole nuove per i libri di Margherita.

Prendo il trapano, lo punto sul muro e schiaccio il tasto. Il rumore è assordante e mi fa sobbalzare. Il trapano quasi mi scivola dalle mani e io mi imbarazzo per la figura da cretino che ho fatto. Ho trentadue anni, mica due che un rumore forte mi spaventa! Riparto e la punta del trapano si infila nel muro come fosse burro. Ehi, ho fatto un buco! Non c'è nulla come i lavori manuali per farti sentire orgoglioso quando li hai finiti. Io qui li ho appena incominciati e già mi sento MacGyver, che non so chi sia ma mi è venuto in mente e allora lo chiedo a Margherita: «Chi è MacGyver?». «Uno che con un coltellino svizzero era capace di costruire un elicottero» mi risponde. Lei intanto è scesa dalla scala e mentre aspetta che la vernice asciughi mi dà una mano a spostare i libri da una mensola a un'altra. Afferra un dizionario di latino e dalle pagine cade qualcosa. Lei lo raccoglie. È una lettera, lilla, con il mio nome scritto sopra e un grande cuore trafitto disegnato sul retro della busta. Margherita la osserva un attimo e poi mi chiede: «Matteo e questa? Di chi è?».

Margherita tiene la busta con due dita come se l'avesse trovata sulla scena di un crimine, come se fosse la prova di qualche terribile reato. Mi dice che se si trovava lì doveva essere molto preziosa per me, che probabilmente l'avevo nascosta perché non volevo che qualcuno la trovasse. Io penso che stia scherzando e le sorrido, le dico di smetterla; ma lei non si placa, anzi più io sdrammatizzo e più lei si irrigidisce. Smetto di sorridere, le chiedo se fa sul serio, le dico che forse non se lo ricorda ma io ho perso la memoria, anche se quella un tempo fosse stata una lettera importante io non so che cosa ci sia scritto, non so chi me l'abbia mandata e tanto meno perché si trovi lì. Ma lei sembra non scherzare per nulla e prosegue la sua filippica, sembra l'avvocato dell'accusa che mette alle corde l'imputato. La guardo mentre mi parla con gli occhi torvi sventolando una lettera che non conosco, come se lì dentro fosse prevista la morte di qualcuno. C'è qualcosa che mi sfugge, è una cosa che non conosco, e che non so gestire. Questo è un altro di quei momenti in cui detesto lo stato in cui mi trovo. Non ricordare il proprio passato significa anche non ricordarne gli insegnamenti. Come si fa quando ci si trova in questa situazione? Perché la mia fidanzata è così arrabbiata per qualcosa che riguarda il mio passato amoroso? E come si chiama il sentimento che sta provando? «E non fare quella faccia, Matteo» mi dice, «non è quello che pensi, non è gelosia la mia.» Ecco che cos'è questa, gelosia. Ma è assurdo, lei è gelosa di qualcosa, o qualcuno che ha fatto parte del mio passato, ma un passato che non mi appartiene più, perché non me lo ricordo. «Eh no Matteo, tu non te lo ricorderai, ma quello che hai fatto nella tua vita, ti ha reso quello che sei adesso, anche se hai avuto un'amnesia, perché noi siamo le cose che facciamo!» mi dice lei. Eh sì, questa è proprio gelosia. Mi allungo, prendo la busta dalle sue mani, la apro e le dico: «Margherita, per dimostrarti che non ho nulla da nascondere sai cosa facciamo? Leggiamo questa benedetta lettera!».

«Caro Matteo, ti scrivo per ringraziarti. Il regalo che mi hai dato oggi è forse la cosa più preziosa che potessi ricevere. E non solo perché per noi significa così tanto, ma perché è una cosa che tu hai fatto con le tue mani.»

«Ohmioddìo!!! Matteo facevi i regali con le tue mani? E che cos'è, il lavoretto di cartapesta delle scuole elementari?»

«Sei il primo ragazzo che mi regala una cosa costruita con le sue mani e creata per me. Per certi versi è come se anche tu fossi fatto apposta per me.»

«Ma questa era fissata con il bricolage? Cos'è, vi siete conosciuti al BricoCenter?»

«Sei così diverso dagli altri uomini, mi fai sentire speciale, il modo in cui mi guardi, in cui ti prendi cura di me mi fa sentire bella e importante, quando sono con te sono così felice che il cuore mi sembra fiorire come una primula che spunta sotto la neve.»

«Ah no, adesso ho capito. Aveva il pollice verde il tuo

amore. Magari era di quelle che parlano alle piante per farle crescere felici!»

«So che d'ora in avanti non sarò più sola, anche se tu non sei con me, so che comunque ci sei, che se dovessi avere bisogno, ovunque ti trovi, arriveresti da me anche se fossimo lontani decine di chilometri.»

«Questa deve aver visto troppe puntate di *Star Trek* visto che crede nel teletrasporto o magari è la nipote di mister Spok?»

«Ti amo Matteo, grazie per esserci, grazie per essere come io ti voglio. Rimani sempre così, non cambiare mai. Tua Katiusha.»

«Ma da chi se l'è fatta scrivere 'sta lettera, da Maria De Filippi?!»

Margherita butta la lettera per terra, si infila la giacca, mi dice che va a fare due passi ed esce di casa.

Rimango da solo come un pirla. Quando sei da solo di proposito non sei mai da solo come un pirla, ci deve essere qualcuno che ti ci lascia, proprio come ha fatto ora Margherita. Raccolgo la lettera, me la rigiro tra le mani e cerco di capire chi sia questa tizia, che rapporto avessimo, quanto siamo stati fidanzati, e soprattutto quando, finché vedo il timbro postale sul francobollo e lo leggo: 12 febbraio 1989. Avevo quattordici anni.

63

Ci sono cose alle quali diamo un'importanza più grande di quella che hanno in realtà. A volte lo facciamo per paura, altre solo perché abbiamo bisogno di complicarci la vita. E invece la vita è semplice: l'importante è andare avanti. Se poi sai dove stai andando, meglio. Se no, pazienza. Andando avanti qualcosa da fare si trova sempre.

"Il fondatore di IKEA si chiamava Ingvar Kamprad e nacque il 24 luglio del 1926 nel sud della Svezia." Siamo nati nello stesso giorno, lui però ottant'anni prima. "Ingvar crebbe in una fattoria chiamata Elmtaryd, vicino al piccolo villaggio di Agunnaryd. Il nome IKEA è l'acronimo delle iniziali del fondatore, più le iniziali del posto da cui proveniva. Ingvar decise molto presto di sviluppare una sua attività. Iniziò a vendere fiammiferi ai vicini, spostandosi in bicicletta. Capì che acquistandoli in grandi quantità a Stoccolma, a un buon prezzo, poteva rivenderli sempre a un prezzo basso, ma realizzare comunque un buon profitto. Il successo con i fiammiferi lo portò ad allargare la sua attività vendendo penne, portafogli, cornici, orologi, gioielli, calze di nylon... tutto ciò di cui la gente aveva bisogno e che Ingvar riusciva a procurare a un prezzo ridotto. Dopo pochi anni, era il 1947, i mobili vennero introdotti nell'assortimento IKEA. Venivano prodotti da fornitori locali, nelle foreste vicino alla casa di Ingvar. La risposta positiva fu gratificante e Mr IKEA vide l'opportunità di diventare un venditore di mobili su vasta scala. Presto decise di togliere dall'assortimento tutti gli altri prodotti per focalizzarsi sui mobili a prezzi bassi, dando vita all'IKEA che tutti conosciamo. Nel 1995 IKEA era già presente in più di cento paesi e finalmente arrivò anche in Italia. Da qui in poi è la storia che tutti conoscete." No, non sono io che penso queste cose. Le sto leggendo su un volantino mentre sono in fila al ristorante. Sono due ore che camminiamo tra guardaroba da montare e cucine senza il gas. Ci è venuta fame e siamo in fila che aspettiamo. Mr IKEA senza dubbio era un genio, però doveva anche inventare il modo di non fare la fila. E invece no, si è concentrato sui mobili. Peccato. Forse potrei inventarlo io. Il modo di non fare la fila, dico. Vuoi vedere che finalmente ho trovato una cosa che non è stata ancora inventata?! Secondo me se invento il modo di non fare la fila mi danno il Nobel. Nel frattempo tocca a noi. Margherita prende un'insalata di gamberi che sembra un gioco per bambini e del salmone arancione come un' Hare Krishna. Io dodici polpettine e una Coca-Cola, che poi Coca-Cola non è. Perché qui la Coca-Cola non c'è. Paghiamo nove euro in due e giriamo per i tavoli cercando un posto.

Alla fine i tavoli erano tutti pieni e quindi abbiamo deciso di andare a mangiare in una delle cucine esposte. A dire il vero è stata un'idea di Margherita. A me non sarebbe mai venuto in mente. Margherita, oltre a essere la donna più bella del mondo, ha questa qualità di avere sempre idee bellissime. Fatto sta che siamo qui, in una cucina un po' country a mangiare come se fossimo a casa nostra, con delle persone che ci guardano e sorridono. Secondo me pensano che siamo stati messi qui da Mr IKEA pure noi. Infatti nessuno si avvicina a guardare la cucina. Tutti passano, ogni tanto qualcuno sorride, però nessuno ci dice niente o tanto meno si azzarda a entrare nella nostra cucina. Perché ormai è come se questa fosse casa nostra. Io quasi quasi questa cucina me la compro. Mi sento più a casa mia qui che a casa mia. Chissà perché non le affittano queste casette finte che hanno costruito qui dentro. Secondo me venderebbero ancora di più. Sai che bello? Tu vieni e vedi i mobili che comprerai usati da persone vere che vivono qui. Vedi il tuo mobile vissuto veramente. Invece no. Preferiscono mettere un braccio meccanico che apre da tre anni la stessa antina per farti vedere che non si romperà mai. Nel frattempo abbiamo finito di mangiare. Mettiamo i nostri piatti in lavastoviglie e andiamo nel reparto divani. Margherita ha voglia di vedere un po' di televisione e anche a me va di stendermi un po' sul divano. Lei ne sceglie uno di pelle, io mi butto su un modello classico foderato di bianco. Provo ad accendere la televisione ma scopro che è finta e quindi ci ritroviamo a parlare del più e del meno. Lei mi racconta di quanto non sia mai più riuscita a trovare un divano comodo e accogliente come quello di casa di sua madre. Io le dico che purtroppo il mio divano preferito non me lo ricordo più, ma che questo mi sembra comodissimo. Lei si alza e viene a sdraiarsi accanto a me. E mi dice che sì, effettivamente è comodissimo e poi mi dà un bacio e a me, come al solito, mi viene voglia di fare l'amore. «Andiamo in camera?» mi chiede lei. «Aspetta che mi lavo i denti» le rispondo io.

Purtroppo l'amore all'IKEA non si può fare e i letti non sono nemmeno così comodi. Però abbiamo comprato una cucina con tutte le sue suppellettili, due divani bianchi, otto bicchieri, un'edera, sette candele, una cornice, un portasapone, nove piatti uno diverso dall'altro, due strofinacci per la cucina, una pentola per fare il risotto e un materasso che non riesco a far passare dalle porte dell'ascensore. Possibile che Mr IKEA abbia fatto costruire una cosa che non passa dai suoi ascensori?! Avrei finalmente trovato il baco di questo meccanismo perfetto. E invece no. Un vecchietto con la moglie mi fa vedere che basta inclinarlo e il materasso entra che è una meraviglia. Ora il problema è riuscire a infilarlo nella macchina. Apro il baule, provo a infilarci il materasso e come per miracolo... ci entra! Entra liscio come un cazzo. Chiedo scusa per la volgarità, ma non mi veniva una metafora migliore. Mr IKEA ha pensato pure a questo! Praticamente ti vende solo quello che riesci a portarti a casa. Il resto, se paghi, te lo porta lui. E difatti la cucina ce la portano domani mattina. Pagando un po' di più te la montavano pure, e di mettermi domani mattina a montare una cucina non ne avevo proprio voglia. Tanto che c'erano ci portano pure i divani e da domani casa mia sembrerà un'altra casa. Siamo in macchina, il pomeriggio si sta trasformando in notte e tutte le macchine accendono le luci. Tra me e Margherita c'è un materasso, ma nonostante questo riusciamo a chiacchierare di quanto sarà bello avere una lavastoviglie che laverà tutte le nostre stoviglie. E io mi rendo conto che sono felice. Che questa è la prima volta da un sacco di tempo che sto veramente bene. E allora cerco di capire che cos'è che mi fa stare così. Mi dico che non può essere merito di Mr IKEA. Che non è possibile che io sia contento perché ho appena comprato... ma che senso ha chiedersi il perché si è felici quando si è felici? La vita è più semplice. Questo me lo devo ricordare: la vita è più semplice.

64

Immaginate di sentirvi roventi, con la testa che fa male e le ossa che scricchiolano. Immaginate di non riuscire ad alzarvi dal letto e di sudare mentre tremate per i brividi. Immaginate di stare così e di avere una persona che si occupa di voi. Che vi rinfresca, vi prepara un latte caldo e poi spegne la luce del vostro comodino. Immaginate tutto questo e poi immaginate di essere l'altra persona, quella che cura. Secondo voi chi dei due alla fine sarà più felice?

Margherita non sta bene, credo sia influenza. Sistemando casa, nel sacco delle cose da buttare devo averci messo anche tutte le medicine che mi ero preso la prima volta che sono stato male. Ora sono in farmacia per ricomprarle. Mi piacciono le farmacie, hanno un odore rassicurante, è un misto di floreale e di chimico che sembrerebbe poter guarire qualsiasi malattia. I signori in camice dietro il bancone hanno sempre risposte per tutte le domande, voglio dire ci sono talmente tanti medicinali che mi aspetterei almeno una volta ogni tanto di sentirli dire: «Mi spiace, non so di che medicina stia parlando», e invece no, annuiscono sempre, si girano, aprono un cassetto lunghissimo e tirano fuori la scatoletta giusta, quella che ti salverà la vita. La dottoressa di questa farmacia però dev'essere stanca, o nervosa, o forse è semplicemente una stronza. Ha un naso enorme e cerca di mettere in difficoltà tutti i clienti. In questo momento davanti a me c'è un ragazzo di neanche vent'anni pieno di brufoli e con il cappuccio della felpa sulla testa. Prende dall'espositore una scatola di profilattici e senza dire una parola la appoggia sul bancone quasi coprendola con la mano per la vergogna. La farmacista nasona prende in mano la scatola e dice: «Questi sono quelli a effetto ritardante, lei per caso ha problemi di eiaculazione precoce?». Non vedo la faccia del ragazzino ma la posso immaginare, la scuote da dentro il cappuccio e prende al volo un'altra confezione, la paga ed esce guardandosi la punta delle scarpe. È arrivato il mio turno, mi avvicino: «Buonasera. E lei, che problemi ha?» mi chiede. «Io nessuno» rispondo, «è la mia fidanzata che non sta bene.» «Eh ma io non sono mica un ginecologo.»

Squilla il cellulare.

«Pronto?»

«Ciao tesoro sono Eva, dove sei?»

«Adesso sono in farmacia davanti a una stronza che crede di essere il dottor House.»

«Ma Matteo!»

«Eh oh Eva! Quando ci vuole ci vuole!... aspetta che esco da qua, altrimenti 'sta nasona di farmacista mi denuncia. Arrivederci.»

«Ma poi cosa ci facevi in farmacia?»

«Devo prendere qualcosa per Margherita che sta poco bene.»

«Mhm.»

«Mhm, cosa?»

«No, niente... Matteo stasera passo da te e mi offri un caffè, ok?»

«No Eva, Margherita non sta bene, facciamo domani.»

«Massimo alle dieci sono da te. Ciao!»

«Ciao.»

Margherita è a letto con la schiena appoggiata su due cuscini e sta bevendo il brodo che le ho preparato. Ha 38,7 di febbre. È pallida e spettinata ma è comunque bellissima. Tra una sorsata e un'altra alza lo sguardo e i suoi occhi sono così lucidi che sembrano persi. Porto via il piatto con il brodo e le porto un po' di riso in bianco che però abbandona subito. Ha troppo mal di gola e non riesce proprio a mandarlo giù. La lascio tranquilla e porto i piatti in cucina, mentre li lavo penso a cosa posso fare per lei, se magari c'è qualcos'altro che lei non mi ha detto ma che vorrebbe avere o se anzi posso fare qualcosa che non si aspetta. Apro il frigo, trovo del latte, lo metto a scaldare, prendo un barattolo di miele e cerco, che da qualche parte ci deve essere del cognac, che non so come ma mi viene in mente che mia mamma me lo dava sempre per "aprire la gola". Mentre verso il latte che fuma in una tazza, penso che è la prima volta che preparo qualcosa per qualcuno in questo modo. Quando ero in pizzeria lo facevo ma era il mio lavoro, adesso invece sento il bisogno di farlo, perché far star meglio lei fa star meglio me. Penso che prendersi cura di una persona sia un regalo enorme. Come se lasciando che noi ci prendiamo cura di lei, quella persona ci facesse un regalo, come se ci donasse la sua fiducia incondizionata. È bello avere la responsabilità di qualcuno, ti fa sentire forte, ti fa sentire che le cose che pensi di non essere in grado di fare, se fosse per questa persona le faresti quasi senza sforzo. Prendo il vassoio con il latte, il miele e il cognac e vado in camera. Margherita si è addormentata. Le aggiusto i capelli sulla fronte, le copro le spalle col piumone e la guardo, e mentre la guardo dormire mescolo il miele nel latte, e mentre mi siedo sul letto verso il cognac nella tazza, e mentre spengo la luce comincio a bere, e mentre bevo suona il citofono.

«È che sei innamorato Matteo, è giusto che tu sia felice perché questo è un privilegio.»

Eva è seduta di fronte a me al tavolo della cucina, beve una tisana bollente e mi guarda allegra. Io le racconto dell'incontro con Margherita, di come mi sono sentito quando ci siamo rivisti, quando abbiamo fatto l'amore. Le confesso però anche la paura che mi ha preso quando ho cominciato a pensare a ciò che lei poteva aspettarsi da me, dalle promesse che le avevo fatto. Eva appoggia la tazza e scuote la testa: «Matteo hai perso la memoria ma rimani un uomo con tutte le fobie di voi uomini trentenni». Mi dice: «Se dico così chissà cosa penserà, se faccio così chissà cosa pretenderà?! E rilassati. Male che vada che succede? Vi lasciate». Eva finisce la tisana, prende il cappotto e va verso la porta. Camminiamo piano per evitare di svegliare Margherita. «Appena sta meglio organizziamo una cena, che voglio che tu la conosca» le dico. Eva sorride, mi bacia ed esce. Io sto per chiudere la porta quando lei si gira, mette una mano sulla maniglia e la ferma: «Matteo» mi dice, «una cosa: viviti tutta questa storia e goditela, ma tieni solo presente che lei ha un vantaggio su di te». Io sorrido ma non capisco. «Margherita sa di te molte più cose di quante ne sappia tu.» Mi dà un altro bacio e sale sull'ascensore. Io aspetto che la porta scorrevole sia chiusa. Poi rientro, do due giri di chiave nella toppa, spengo la luce in cucina, vado in bagno, mi lavo i denti, mi spoglio in soggiorno per non fare rumore ed entro in camera. Al buio cerco il letto, scosto la coperta e mi ci infilo. Nel silenzio sento il suo respiro soffiato, leggero, mi avvicino. «Buonanotte» le dico, lei fa un mugolio di approvazione appena accennato e mi addormento.

65

C'è qualcosa di diabolico nella composizione della settimana. Il lunedì inizia sempre che non sei pronto, arriva il martedì e ti senti un po' meglio, non fosse che il mercoledì è un giorno insapore. Il giovedì è finalmente leggero mentre il venerdì è una festa. Poi arrivano il sabato e la domenica, il "fine settimana", i due giorni in cui vorresti incastrare tutta la vita che non hai fatto stare negli altri cinque; ma non si sa com'è lo spazio non basta mai.

Oggi partiamo per un fine settimana in montagna. Ho provato a dire a Margherita che a parte qualche foto in cui scio da bambino non sono nemmeno sicuro di essere ancora capace di farlo e lei mi ha risposto che sciare è come andare in bicicletta. A quel punto non ho insistito perché 'sta frase dell'andare in bicicletta da quando ho perso la memoria me l'avranno già detta almeno cento volte per una marea di altre attività e mi è sempre sembrata una gran cagata.

Siamo in macchina verso la casa in montagna di Margherita, adesso. Da quando sto con lei mi piace andare in macchina, guidare, chiacchierare con lei o anche solo ascoltare della musica insieme. Mi sono accorto che in auto parliamo con più facilità di cose che ci riguardano. Secondo me è perché non ci si guarda negli occhi. In macchina tu che guidi sei costretto a tenere gli occhi sulla strada davanti a te e anche chi ti sta di fianco non è strano che lo faccia. Questo non avere gli occhi dell'altro di fronte, non vedere le sue reazioni è come se aiutasse le parole a fluire senza difficoltà. Quelle parole che magari fai fatica a dire seduto a un tavolo, se parli alla strada davanti a te ti sembrano più semplici da dire. E poi viaggiare in macchina dà la sensazione di poter andare dove vuoi in qualunque momento. Ecco, adesso ad esempio siamo in autostrada ed è appena passato un cartello che indica un bivio con due direzioni opposte GENOVA - GRAVELLONA TOCE, per cui prendendo a sinistra si va al mare, prendendo a destra in montagna.

Il viaggio è durato quasi due ore e io non me ne sono neanche accorto. Ora siamo arrivati e l'aria è dolce e buona. Probabilmente in auto stavamo respirando ancora l'aria della città e una volta aperte le portiere l'impatto è stato gelido ed eccitante. La casa di Margherita è piccola e calda in un paesino pieno di case di pietra e di neve. Sto camminando sul marciapiede mano nella mano con Margherita. È diverso dal paese in cui si trova la mia casa, ma in fondo i paesi di montagna si somigliano un po' tutti, stesso odore di legna bruciata, stessi colori scuri e freddi.

Margherita mi guida tra le vie del paese, mi presenta i proprietari dei negozi che conosce sin da piccola, mi fa vedere dove giocava con i suoi amici, e addirittura mi mostra un albero dietro cui ha dato il suo primo bacio un'estate di diversi anni fa. È bello lasciarsi guidare dalla persona che ami, farti mostrare le sue cose, quelle a cui lei tiene, le cose che sono state il suo passato, e adesso che stiamo mangiando un panino con la salsiccia intorno a un falò sento che mi manca. Sento che vorrei anch'io mostrarle le mie cose, le cose che mi hanno disegnato così come sono oggi, vorrei non scoprire sempre tutto, ma lasciare che la memoria salga come una marea e copra tutto il presente che mi sta intorno. Vivere sempre solo nell'ora-e-adesso è più faticoso, devi conoscere tutto ogni volta, ogni volta devi guardare le cose da zero, valutarle, capire se sono buone oppure no, se ti piacciono oppure no. Ora invece, ora ad esempio che la marea del passato della mia fidanzata sta salendo ed è tiepida ed è confortevole, ora per la prima volta sento che prima o poi anch'io smetterò di nuotarci solo sulla superficie e mi ci immergerò fino in fondo nel mio passato. Alzo gli occhi e nel buio del cielo vedo davanti a me la montagna azzurra coperta di neve. Stringo la mano di Margherita e lei, come se avesse sentito i pensieri nella mia testa, si alza sulla punta dei piedi, mi bacia sulla bocca e mi dice: «Domani andiamo a sciare amore mio, vedrai, è come andare in bicicletta».

66

Che a volte basta davvero poco. Basta poco perché dalla luce abbagliante ci si trovi nel buio più totale. Basta poco per pensare che non ci sia più niente da fare, e poi basta altrettanto poco perché tutto si riaggiusti, anzi migliori. Basta un lampo, basta voltarsi indietro o spostarsi di poco da dove ci si trovava.

È proprio vero che la storia che sciare "è come andare in bicicletta" è una cagata. Sciare non è come andare in bicicletta, è molto più bello. Ho capito subito che i problemi da risolvere erano due: diminuire la velocità e fermarsi. Una volta realizzato che entrambe le cose si ottenevano mettendo gli sci di traverso al pendio, il resto è venuto da sé. Lascio correre gli sci e poi faccio curve ampie e dolci, mi sembra di galleggiare. L'aria fredda mi fa gocciolare il naso ma è bellissimo anche quello. Non sono mai andato così veloce. Non senza un motore insomma, senza qualcosa che mi spingesse. La cosa sicuramente più eccitante dello sci è la velocità. Gli sci servono solo a farti scivolare, ma il resto lo fanno la discesa, il tuo peso e la forza di gravità. E la velocità non la misuri con un tachimetro ma con l'aria che ti batte sulle guance, che ti entra negli occhi e te li fa lacrimare. Da quando ho perso la memoria è sicuramente la volta in cui più che mai ho percepito il mio corpo libero. Libero dal peso e dalla fatica. Sono leggero, sono veloce e sono felice.

Margherita mi dice che si sta facendo tardi, e sta venendo brutto. Io le dico che voglio fare un'ultima discesa. Lei mi aspetta al bar della baita alla fine della pista. Io mi aggancio allo ski lift e salgo.

Mi preparo a sfilare il piattello da sotto il sedere, alzo gli occhi e non vedo niente. Il cavo dello skilift davanti a me si infila in un muro bianco e lattiginoso, capisco di essere arrivato perché il terreno si fa pianeggiante, mi sgancio dallo skilift, mi guardo intorno per cercare la pista, ma niente, non so cosa sia, se nebbia, neve o nuvole ma è tutto bianco, io sono da solo e ho freddo.

Vedo a malapena la punta dei miei sci e vado pianissimo. Mi sento piccolo e debole. Sarebbe bastato andare con Margherita e ora non sarei qui. Sarei già sulla seggiovia verso casa con lei a ridere sulle paure che avevo prima di salire. E ora è come se tutte quelle paure fossero fondate. Ma mi dico che alla fine della pista da qualche parte laggiù c'è la baita e che devo continuare a scendere. Il problema è che non so dove sto andando. E se sbaglio pista e vado oltre la baita senza accorgermene? Forse dovrei chiamare Margherita e dirle che mi sono perso. No, così lei si allarmerebbe. No, meglio di no. Ce la posso fare io da solo, in fondo è solo un po' di nebbia. Improvvisamente il terreno sotto gli sci cambia, la neve non è più compatta, è fresca e alta, e le punte degli sci ci si infilano fino a fermarmi. Provo a tornare indietro sulla pista ma faccio troppa fatica. Il fiato è sempre più corto. Provo a scendere che forse più giù mi ricollego alla pista, ma proprio non riesco, le gambe mi fanno male e non posso proseguire. La chiamo. Mi sfilo il guanto, apro la tasca, prendo il cellulare ma qui non c'è segnale. Merda! D'istinto, come fosse un conato di vomito mi esce un grido, improvviso. Chiedo aiuto, chiamo Margherita e più urlo più la mia voce mi fa paura. Si perde nel nulla di questo muro bianco e gelido che sembra mi segua ovunque vado. Sento la faccia che mi si stringe e la gola che si chiude, ma non voglio piangere, non sono un bambino, adesso mi tolgo gli sci e vado a piedi. Ma faccio un passo e mi ritrovo infilato nella neve che mi arriva alla vita. Mi giro e anche gli sci sono spariti inghiottiti dal bianco. Rimetto il telefono in tasca e sento le pagine del manuale di sopravvivenza che ho comprato ieri quasi per gioco. Lo tiro fuori e cerco qualcosa che mi dica cosa fare, come orientarmi, ma trovo solo cose che mi fanno paura: "In condizioni di emergenza, in attesa dei soccorsi conservare il calore è essenziale. Una perdita di pochi gradi può portare al declino delle funzioni del corpo. Se la temperatura interna scende intorno ai ventisette gradi si passa nell'incoscienza e si perdono i riflessi. Sotto i ventisei gradi generalmente sopravviene la morte per ipotermia".

Non ci pensi. O meglio, ci pensi ma pensi che non capiterà mai a te, che non ti troverai mai da solo in una bufera di neve con la temperatura del tuo corpo che scende lentamente fino a congelarti. Stringo gli occhi perché non voglio piangere. Li riapro e vedo i miei sci. Ora li vedo nitidi a due metri da me. Sollevo la testa, le nubi si sono alzate e neanche cinquanta metri sotto di me c'è la baita. È bastato che chiudessi gli occhi, che si alzassero le nuvole e il panorama è cambiato, forse la mia vita è cambiata o forse solo il mio modo di vederla. Forse si trattava solo di spostarsi da qui, dal posto in cui mi ero abbandonato, per vedere che le cose non erano definitive come sembravano. Mi pare quasi di vedere Margherita seduta sui gradini e penso di essere stato un cretino. Mi metto gli sci in spalla e me ne torno a casa, gli occhi mi lacrimano, ma non per il freddo.

67

Non ci sono dubbi sul fatto che vivere in due sia meglio che da soli. L'uomo è un essere sociale e se sta troppo tempo da solo deperisce. Non sto pontificando nozioni di antropologia spiccia, lo leggevo anche l'altro giorno sul giornale. Durante il nazismo venivano messi dei neonati in stanze in cui stavano da soli sempre. Ogni tot ore arrivava qualcuno che li nutriva, li cambiava, eccetera, ma mai nessuno stava con loro per farli giocare o fargli delle coccole. Tutti i bambini morivano prima di aver compiuto un anno. Non parlerò del nazismo primo perché ho perso la memoria, secondo perché non mi sembra il caso, ma che in due si stia meglio mi sembra l'abbiano già capito in molti. Tutto questo per dire che questa convivenza, per quanto abbia tanti lati positivi, ne ha pure parecchi negativi. Il problema è che stiamo sempre in casa tutti e due. E così ci vorrebbero altri cento metri quadrati. Qualunque cosa io faccia, ovunque io vada, la incontro sempre. C'è da dire che è inverno e in inverno in genere si sta in casa di più. Se esci ti congeli e poi dove vai? Una volta che sei uscito per fare la spesa, per comprare il giornale o per andare a prendere i tasselli per mettere su le mensole, che fai? Che poi lì è carattere. Perché a lei, ad esempio, a Margherita dico, le va benissimo. Lei starebbe tutto il giorno sul divano a leggere qualsiasi cosa abbia qualcosa scritto sopra. È pazzesco, è più o meno una settimana che è qui e ha già letto tre libri più una quantità di quotidiani che se scoppia un incendio prendiamo fuoco subito. Ogni giorno legge tre quotidiani più ottanta-novanta pagine di un libro. Che io dico, posso capire il libro, ma tre quotidiani cosa minchia li leggi a fare? Tanto le notizie quelle sono. E invece lei no, si mette lì sul divano, coi suoi succhi di frutta, e legge tutto. Io invece no. Io se sto fermo per più di diciotto minuti mi viene l'ansia.

Non c'è niente da fare, quando i caratteri sono diversi non rimane che litigare. Lo so che tutti i caratteri sono diversi, nel senso che la cosa bella dell'uomo è proprio che non ce n'è uno uguale all'altro. Non so quanti miliardi di persone siamo al mondo, ma tutti abbiamo qualcosa che ci rende unici. Anche i gemelli, mica sono uguali. Per omozigoti che siano qualcosa che li differenzia c'è sempre. Per non parlare del carattere. Una mescolanza di geni che si aggirano per il mondo. Ma non divaghiamo. Cos'è che stavo dicendo? Ah, sì, che stiamo litigando. O meglio, non ancora, ma è solo questione di tempo. Ci sono quelle mattine in cui ti svegli e hai voglia di litigare. Le persone che ti circondano non c'entrano niente. Il problema è solo tuo. Mio, nello specifico. Non so che cos'ho, mi sento inquieto. È da quando mi sono svegliato che non trovo pace. Margherita è lì che legge. È dalle otto e mezzo di stamattina che legge. Si è alzata, ha fatto colazione ed è uscita a comprare i giornali. Io non ho ancora trovato il coraggio di uscire. Ho aperto prima la finestra per far cambiare l'aria della camera da letto e ho visto due orsi bianchi che giocavano nel giardino della casa di fronte. Sono due ore che vago per la casa facendo finta di mettere a posto, sperando che mi venga voglia di fare la doccia. «Margherita, non puoi continuare così» le dico col labbro che mi trema. Non bisognerebbe mai litigare dopo essersi caricati per un'ora e mezzo. «Secondo me non puoi continuare a passare le tue giornate così.» Lei non alza neanche la testa dal giornale. Passano almeno sei secondi di silenzio assoluto, come se non avessi detto niente.

Poi si solleva i capelli ed esprime il suo pensiero: «Perché tu invece che cosa fai? Ti faccio presente che sto preparando un concerto e ogni giorno suonerei per almeno tre ore e mezzo, se avessi un pianoforte. Il problema è che qui un pianoforte non c'è. E io non posso vivere in una casa senza un pianoforte. Quindi leggo, che non fa mai male. Il problema qual è? Ti do fastidio? Mi sembra che il mondo sia abbastanza grande per tutti e due». A me invece sembra chiaro che anche lei ha voglia di litigare. Non sempre litigare è una cosa brutta. Se poi se ne ha voglia in due, può essere divertente. E soprattutto non l'ho mai fatto da quando ho perso la memoria. Basta che le dica: «Margherita, ti ricordo che non sei Glenn Gould, quindi vedi di darti una calmata...», e la litigata parte che è un piacere.

Dopo quarantacinque minuti è venuto fuori di tutto, dal fatto che non svuoto mai la lavastoviglie a quello che non mi taglio mai le unghie dei piedi. Insomma, il problema è che lei non ha un pianoforte in casa e, soprattutto, che io non faccio niente dalla mattina alla sera. Dice che mi devo trovare un lavoro. Che con tutto l'amore che ha per me, avermi in casa dalla mattina alla sera è pesante. E poi ha deciso che se entro stasera non c'è un pianoforte in casa lei se ne va. Io, a un certo punto della litigata, ho cominciato a stare zitto. Un po' perché volevo vedere fino a che punto arrivava, un po' perché fondamentalmente ha ragione. E poi l'idea di andare a cercare un pianoforte mi piace. Dice che ce n'è uno a casa di sua madre. Che era il suo pianoforte di quando viveva lì. «È un mezzacoda, ma ha un bel suono. Potremmo andare a prendere quello» mi dice come se stesse cercando di fare pace. Io le dico: «Va bene» e in men che non si dica siamo sotto casa di sua madre a cercare posteggio. La madre non è in casa, e vedere questa casa vuota è ancora più bello. Il pianoforte è evidentemente intrasportabile. Io provo a dirglielo, lei mi guarda come se fossi una mezzasega, ma poi se ne rende conto anche lei. «Bisogna chiamare un trasportatore» mi dice come se stesse parlando a se stessa. «E allora chiamiamolo» rispondo io. Che io nemmeno lo sapevo che c'era gente che faceva questo di lavoro. Trasportare i pianoforti, dico. Praticamente tu li chiami e loro vengono, ti prendono il pianoforte e te lo portano dove vuoi tu. Poi te lo accordano e se ne vanno. Loro fanno questo. È il loro ruolo nella società. Chiaramente vengono pagati per questo, ma quello che mi chiedo è come gli sia venuto in mente di fare quel lavoro. Nel senso che se decidi di avvicinarti a uno strumento musicale, in genere lo fai per suonarlo, non per ripararlo. Invece il signor Colella la mattina si alza, trasporta pianoforti, li accorda, prende i soldi e se ne va. Fatto sta che adesso in casa mia c'è pure il pianoforte. Margherita è felicissima. Prende una sedia dalla cucina, si siede al piano e suona...

68

Lo so che voi direte: "Tu non ti ricordi niente e quindi quando scopri una cosa nuova tutto sembra incredibile", però provateci anche voi. Quando avete scoperto che esisteva un modo per fare la cosa più bella del mondo e farla senza correre alcun rischio non vi siete stupiti e meravigliati come se l'aveste scoperto voi in quel momento?

«Mi piace fare l'amore con te.» Margherita ha la testa appoggiata sul mio petto. È nuda e bella come una bambina. Io le accarezzo i capelli e lei sorride. «Matteo, che ne dici se prendessi la pillola?» mi dice sottovoce. Io mi sporgo per guardarla negli occhi e le chiedo: «Ti senti poco bene?». Margherita scoppia a ridere, e non riesce a fermarsi, ride con tutta la bocca e il viso, mi bacia sulla guancia e continua a ridere. Mi dice che delle volte la mia amnesia è una commedia. Dice che la mia totale inconsapevolezza tira fuori delle frasi che sembrano quelle brutte battute dei film di Boldi e De Sica, ma che dette da me sono talmente vere che diventano divertenti.

Io continuo a non capire e lei mi spiega cha la pillola non è la pastiglia. Pillola sta per "pillola anticoncezionale". Io la guardo, lei mi guarda e si mette a ridere di nuovo. «Eddai!» mi dice «però anticoncezionale lo sai cosa vuol dire!»

Le dico che certo che lo so, che serve a non rimanere incinta. Lei si alza, va in bagno e torna con una scatolina rosa e azzurra, grossa quanto un accendino. «Eccola qua, l'avevo già comprata.»

Adoro la capacità di questa donna di prendere decisioni e poi far finta di sottoporti la questione come se tu potessi avere voce in merito, quando in realtà lei la scelta l'ha già meditata e fatta.

Apre la confezione e mi mostra queste minuscole pastiglie in fila una dietro l'altra collegate tra loro da una freccia che ne indica la successione.

Margherita mi spiega che sono degli ormoni, che inibiscono la fertilità, ma io guardo quelle caramelline e mi perdo nella meraviglia della chimica. Penso che l'uomo fa un sacco di cazzate ma fa anche una marea di cose geniali. Istintivamente mi viene voglia di assaggiarne una per sentirne il sapore, ma Margherita mi dà uno schiaffo sulla mano dicendo che sono contate e conclude il suo ragionamento: «... e così non devi più usare quelli» dice indicando la scatola di preservativi sul comodino. E solo ora io capisco tutto. Capisco che se prende la pillola non c'è rischio di gravidanze e se non c'è rischio di gravidanze non c'è bisogno del profilattico e se non c'è bisogno del profilattico io posso stare così vicino a lei da non sentire più nessuna distanza. Mi giro e mi viene uno sguardo che deve essere molto simile a quello di un bambino che sta per mangiare il suo piatto preferito ma lei mi dice: «Mi spiace amore, ma comincio a prenderla domani».

La pillola anticoncezionale è stata inventata o scoperta o creata per la prima volta negli Stati Uniti agli inizi degli anni Sessanta. Tramite l'azione di due ormoni che si chiamano estrogeno e progestinico inibisce l'ovulazione. L'ovulazione invece è quel processo per cui le ovaie espellono l'ovocita. Non so assolutamente che cosa siano tutte le cose che ho detto, le sto leggendo sul bugiardino, il foglietto di istruzioni contenuto nella scatola delle me-

dicine. È stata Margherita a dirmi di leggermelo dal momento che la stavo asciugando di domande, e mi ha pure detto che questo foglietto si chiama bugiardino. Che non è proprio incoraggiante per un pezzo di carta contenente indicazioni mediche.
Mi siedo sul divano e accendo la televisione pensando a quanto sarà bello fare l'amore con la pillola, cioè non con la pillola, con Margherita quando prenderà la pillola. Sullo schermo appare il solito salotto televisivo di poltrone bianche su cui sono sedute persone con la faccia vecchia e arrabbiata.

È strano come in questo programma cambino gli argomenti e le persone ma le facce siano sempre vecchie e arrabbiate. Parlano di giovani, di sesso e di anticoncezionali. Io sono preso dall'entusiasmo perché per una volta conosco l'argomento di cui parlano e non mi sento sceso da Marte come accade spesso in questi casi. Alzo il volume della TV.

Quelli seduti a destra sono d'accordo sull'utilità degli anticoncezionali, quelli a sinistra no. Il dibattito credo abbia motivazioni religiose, e forse politiche, ma non capisco il punto. Non capisco perché se ne debba parlare, perché se ne deve fare un caso televisivo?

La questione mi sembra talmente semplice. Fare l'amore è una cosa meravigliosa? Sì. Fare l'amore porta ad avere dei figli? Sì. Perfetto. A questo punto se una coppia lo vuole fare solo perché è meraviglioso allora prende la pillola, se invece una coppia vuole dei figli non la prende. È un po' come andare in barca. Navigare è meraviglioso di per sé e in più ti può portare in un luogo preciso. Se tu vuoi andare in quel posto ti godi la navigazione e alla fine hai pure raggiunto il tuo obiettivo, se invece vuoi solo navigare te ne vai a zonzo e ti godi la navigazione. Però così è troppo facile. Dev'esserci per forza qualcosa che mi sfugge. Dev'essere per via dell'amnesia, perché mi sembra troppo elementare la mia conclusione, ci deve essere sotto qualcosa di complesso che uno che ha avuto un'amnesia globale non può cogliere.

Il dibattito lì in televisione è sempre più acceso e io comincia ad avere dei sensi di colpa fortissimi. Non credevo che una cosa bella come fare l'amore potesse avere tutte le implicazioni morali di cui stanno parlando. Se non risolvo immediatamente questa situazione sento che non riuscirò più a fare l'amore.

E io la persona che mi chiarisce le idee c'è l'ho. La chiamo subito.

«Eva sono Matteo.»

«Ciao tesoro, come va?»

«Bene. Senti Eva tu vuoi un figlio?»

«Mah... Matteo sinceramente credo che questo argomento lo dovresti affrontare con Margherita...»

«No, non hai capito. Tu, vuoi avere dei figli?»

«Ecco, di questo invece se non ti dispiace ne parlo con Tiziano.»

«No, intendo dire, voi due fate l'amore no?»

«Ma certamente! Tra l'altro guarda ho scoperto che quando lui si sdraia a pancia in su e io invece mi metto di traverso...»

«No, no, Eva non mi interessa, volevo solo sapere se tu prendi la pillola.»

«La pillola? Ma sei pazzo, la pillola fa ingrassare!»

«Quindi tu ne hai prese già troppe?»

«Ehi! Groucho Marx!»

«Quindi non è che non la prendi per motivi religiosi o etici o...»

«Ma figuriamoci!»

«No, perché se accendi la televisione sull'uno ci sono dei signori che stanno dicendo che la pillola va contro i principi dell'uomo, contro le regole della vita, e visto che Margherita ha deciso di prenderla io sto cominciando a sentirmi un po' in colpa.»

«Stai tranquillo Matteo, quelli devono sempre trovare qualcosa da dire.»

«No, perché da come ne parlano mi sembrava una questione molto complessa e credevo che ci fosse qualcosa che mi sfuggiva.»

«Non ti sfugge niente, stai tranquillo.»

«Guarda Matteo, da quando ti conosco ho imparato una cosa da te.»

«Che cosa?»

«Che la vita è più semplice. Goditela!»

69

Credo che sia facile voler bene a un essere umano, o a un animale, perché ci assomiglia, perché cambia di umore, si emoziona, mangia, dorme e fa tutte quelle cose che lo rendono simile a noi. Ma capita a volte che ci si possa affezionare anche a degli oggetti. Degli oggetti che, non so come, né perché, ci sembrano pieni di vita.

Le giornate passano come se stessi aspettando che qualcosa succeda, ma ormai ho capito che se non sei tu a creare le condizioni perché qualcosa accada, il caso non può fare il suo dovere. Mi sono alzato presto stamattina. A dire il vero non lo so il perché, ma è come se l'alzarmi prima appianasse un po' il senso di colpa. Margherita ha dormito anche stanotte sul divano. Sono ormai tre giorni che non dormiamo insieme. Dice che preferisce così. Che almeno riesce a suonare fino a tardi e se durante la notte si sveglia all'improvviso, vedere il pianoforte accanto a lei la rassicura. A me sembra una stronzata, ma non avevo voglia di litigare e le ho dato ragione. E poi da quello che ho capito in questo primo mese di vita insieme, convivere non vuol dire per forza stare insieme tutto il giorno tutti i giorni. In effetti, se ci penso, "convivere" non è il verbo giusto per descrivere due persone che si amano e che vivono nella stessa casa.

Con-vivere, vivere-con... e io non vivo con lei. Io abito con lei. Non sto denigrando la nostra storia d'amore, è solo che è così. Le nostre scelte non sempre sono legate a ciò che decide l'altro. E nemmeno il nostro vivere lo è. Leggevo l'altro giorno che il modo migliore per capire il significato di una parola sta nel conoscere il suo contrario. Il contrario di convivere non esiste. Con-morire, non vuole dire niente. E se non esiste con-morire, non esiste nemmeno convivere. Quindi che dorma pure sul divano, se ne ha voglia. Nel frattempo le sette si sono trasformate in otto e dalla finestra la luce del lampione ha lasciato al sole il compito di illuminare il mondo. Vado alla finestra e guardo la città che comincia a svegliarsi anche lei. Ma lo fa piano piano, quasi non fosse più abituata a tutta questa luce. Erano almeno due settimane che dal cielo cadeva solo pioggia e invece oggi è tornato il sole. Finisco il mio tè, mi vesto con i vestiti di ieri e senza nemmeno lavarmi i denti esco chiudendo piano la porta per non svegliare Margherita. Ho voglia di camminare. È un sacco di tempo che non cammino più. E camminare è una delle cose più belle che ci siano. Col sole, poi, anche Milano sembra meno grigia.

La pioggia di questi giorni ha fatto precipitare tutto lo sporco che stava nell'aria portandoselo giù nei tombini. Faccio un respiro profondo e do una ripulita anche ai miei polmoni, sporchi da due settimane di aria seccata dai caloriferi e dalle sigarette di Margherita. Ti rendi conto di quanto fosse viziata l'aria del posto in cui eri solo quando torni a respirare l'aria che c'è fuori. E l'aria che c'è oggi è pulita come un lenzuolo appena uscito dalla lavatrice. È più o meno un'ora che cammino e sono in una zona di Milano che non mi ricordavo esistesse. Sono fermo a un semaforo che sembra non aver più voglia di diventare verde. Chissà se anche i semafori hanno delle giornate no. In cui non hanno voglia di fare niente. E allora magari si spengono e tutti pensano che si sono rotti, ma invece è solo che si sono stufati di fare sempre la stessa cosa. Perché sai che palle essere verdi, gialli e rossi per milioni di volte. Un po' come i tergicristalli o le porte automatiche. Lo so che sono solo cose meccaniche, ma io credo che anche loro abbiano un'anima. In fondo sono stati costruiti dagli uomini e così come una scultura o un quadro parlano anche se non hanno la voce, perché non lo dovrebbero fare i semafori? Che poi, se ci pensi, fanno davvero una gran brutta vita. Son sempre lì, al gelo dell'inverno e alla canicola dell'estate. Fanno un lavoro di altissima responsabilità, ma mai nessuno che gli dica grazie. Nel frattempo il rosso si è trasformato in verde e tutti cominciamo a camminare, quasi ci fosse stato dato un ordine dal più alto dei superiori. Io lo guardo e gli sorrido. Gli direi quasi grazie se non avessi paura di sembrare uno di quei matti che parlano da soli. Ma poi mi dico che non me ne frega niente e quindi lo saluto come si saluta il portinaio quando esci la mattina per andare al lavoro. Mi è venuta sete. Tutto questo camminare pensando mi ha fatto seccare la gola. Mi volto e vedo un bar che sembra carino. È bella questa cosa del vivere in città: qualunque bisogno tu abbia, basta che ti guardi in giro e c'è sempre qualcuno che te la vende. Apro la porta, entro nel bar e con tutto il buon umore che alberga oggi in me dico: «Buongiorno!». Nessuno si volta e io penso che è davvero un peccato che non tutti abbiano lo stesso umore. Sarebbe bello che ci fossero giorni in cui tutto il mondo è felice e giorni in cui tutto il mondo è triste. La vita sarebbe più semplice.

Non avevo mai preso una spremuta al bar. Almeno non da quando ho avuto l'amnesia. Sopra al banco c'erano tutte queste arance che secondo me chi le ha impilate ci ha messo tre giorni a metterle così. Le ho viste lì e non ho potuto fare a meno di vedere distruggere tutto quell'ordine. Un po' come quando in spiaggia vedi un castello di sabbia e ti vien voglia di saltarci sopra. Non so perché, ma vedere quella piramide di arance ha scatenato in me come una voglia di distruzione. Se dipenda dal fatto che la mia vita è disordinata e quindi l'ordine mi innervosisce, questo non lo so. Che poi non è nemmeno nervoso, è proprio ansia. Mi era successa la stessa cosa quando ho visto per la prima volta la neve immacolata. Be', comunque la spremuta è proprio buona, e poi le arance non sono fatte per essere impilate. Le arance o le mangi o sennò le lasci sugli alberi. Vado alla cassa e chiedo quant'è. «Quattro e cinquanta» mi dice il tipo. Mi sembra un po' tantino, ma non dico niente. Forse nel prezzo c'è pure il tempo che c'ha messo a fare la piramide. Pago, saluto ed esco. Fuori il sole è sempre lì, a scaldare come non faceva da mesi. Anche il mio amico semaforo è sempre lì a dire che cosa fare alle macchine e ai pedoni. Accanto a me una signora scalpita. È la terza volta che cerca di attraversare, ma poi torna indietro. Io dico: ma perché non provi anche tu a goderti questo rosso? Perché non devi rispettare questa semplice ma fondamentale regola che col verde si passa e col rosso si aspetta? Niente. Guarda a destra, guarda a sinistra e si butta in mezzo alla strada manco stesse...

No, purtroppo non l'hanno investita. L'autobus che se l'è trovata davanti ha sterzato di botto ed è andato a sbattere contro il semaforo. Contro il mio amico semaforo che ora è a terra, inerme. Le luci si sono spente e dalla base spunta un fascio di fili che si immergono nell'asfalto. Io mi ci avvicino e poi, con calma mi inginocchio accanto a lui. È morto. Non funziona più. Guardo le persone che stavano sull'autobus correre verso la deficiente che ora è dall'altra parte della strada. Ma nessuno si occupa del semaforo. E lui non c'entrava niente. Lui faceva solo il suo lavoro. Da rosso diventava verde, giallo e poi di nuovo rosso. Mi viene quasi voglia di portarmelo a casa, di fargli un funerale, ma poi mi dico che in fondo ha avuto la morte migliore che ci possa essere. Non si è accorto di nulla. Quindi mi alzo, lo saluto e continuo a camminare.

70

C'è un mondo che se non sai dov'è, se nessuno te lo indica ma soprattutto se non ne conosci le regole è quasi inavvicinabile. È un mondo silenzioso, in cui le persone stanno una accanto all'altra ma non si parlano, in cui passano delle ore ma non si incontrano, è un mondo meraviglioso che è fatto di carta, d'inchiostro e di parole: la biblioteca.

Anche stamattina è il sole che mi ha fatto notare l'inizio di una nuova giornata. Margherita ormai non mi saluta nemmeno più. Ogni tanto le passo accanto, ma lei è sempre lì sul quel passaggio che non le viene. Sono ormai tre settimane che la sento arrabbiarsi perché non riesce a fare la sospensione giusta. Come una persona non si annoi a suonare le stesse quattro note per centinaia di volte, è una cosa che ancora non riesco a spiegarmi. Centinaia di volte che saranno diventate migliaia, perché sono ormai tre settimane che non si alza da quel pianoforte se non per andare al frigo a prendere qualcosa da mangiare. Non si lava, esce solo per comprare le sigarette, e il maglione che indossa più che un po' usurato ha qualche pezzo di lana sperso tra i buchi. Dice che è il suo preferito. Che lo ha sempre usato da quando ha iniziato a suonare. Io ogni tanto mi siedo sul divano e la guardo suonare in silenzio.

E vederla lì, sciatta come una di quelle vecchie che portano da mangiare ai gatti in cortile, con i capelli unti che sembrano lavati col tonno, mi chiedo che senso abbia tutto questo. Voglio dire, perché uno per suonare il pianoforte deve ridursi così? Sembra in uno stato molto vicino alla depressione e invece sta facendo la cosa che le piace di più. «Senti, ti dispiace andartene? Non riesco a concentrarmi se stai lì a guardarmi.» Io faccio di sì con la testa e vado a farmi una doccia.

Mi sa che esco anche oggi. Ormai sto facendo in media venti chilometri al giorno. Cammino come se stessi andando in qualche posto, ma in realtà non sto andando da nessuna parte. Guardo la città e le persone che la popolano. Se vedo una chiesa che mi ispira, ci entro e mi siedo su una panca. Sto lì anche delle ore. Se c'è una messa me l'ascolto, sennò rimango lì e penso. Poi mi alzo e continuo a camminare. Anche se vivi nella stessa città da molti anni, ci sono dei posti che nemmeno sapevi esistessero, invece sono lì da chissà quanto. Mi vesto, saluto Margherita che come al solito non mi risponde, metto le cuffiette, accendo l'iPod e via che si va.

In questo camminare senza meta mi sono ritrovato all'incrocio di ieri. Quello dove hanno abbattuto il mio amico semaforo. È ancora lì. Immobile. A terra come un albero sradicato dal vento. È strano perché mentre ieri mi aveva fatto quasi commuovere, oggi la sensazione che mi dà è solo di disordine. Sembra solo un elemento che contribuisce a far sembrare sporco il marciapiede sul quale è riverso. Dall'altra parte della strada vedo un baracchino che vende fiori recisi e mi dico che forse un mazzo di fiori per il mio amico semaforo lo potrei comprare. Giusto perché anche lui abbia un po' di considerazione per la sua vita che se n'è andata. Attraverso la strada e vado verso il fiorista indiano che è seduto dentro il gabbiotto a guardare la TV. «Mi dà un mazzo di margherite?» gli chiedo. Lui esce e mi dice che le margherite sono finite. «Le hanno comprate tutte quelli della biblioteca» dice indicando un'enorme palazzina liberty che sta alle sue spalle. «Se vuole ci sono questi» dice prendendo in mano un mazzo di tulipani. Io lo ringrazio e come sotto ipnosi mi avvio verso il portone della palazzina. Il mio sguardo si ferma sulla targa d'ottone che sta nell'ingresso. BIBLIOTECA SORMANI dice la scritta. All'interno vedo un piccolo chiostro con delle persone che chiacchierano, fumano e leggono. Tentenno qualche secondo, poi decido di entrare ed entrando mi aspetto che qualcuno mi fermi per chiedermi dove sto andando, invece nessuno mi dice niente. Come fosse una cosa normale. Su una freccia vedo scritto SALE DI LETTURA, su un'altra BAR. Non avendo sete opto per la prima. Una scala infinita mi porta al primo piano dove, perfettamente catalogati in ordine alfabetico all'interno di cassettini, ci sono dei cartoncini con sopra scritti i titoli di quelli che scopro essere i libri che sono a disposizione. E ancora una volta mi dico che l'uomo è davvero un essere intelligente. Non solo è in grado di scrivere libri, ma ha avuto anche l'idea geniale di inventare un luogo in cui ci sono tutti, ma proprio tutti i libri che sono stati scritti fin da quando l'uomo ha iniziato a scrivere libri. «Posso aiutarla?» mi chiede una signora a forma di lavatrice. «Sì» le rispondo io. «Vorrei sapere come funziona.» «Ce l'ha la tessera?» mi chiede lei. «No» le rispondo io. «E allora prima deve andare a fare la tessera.» «Ma non mi può dire come funziona? Così poi in caso la vado a fare» le dico io. «No» mi risponde lei decisa. «Senza tessera non posso dirle niente.» Ti pareva che non ci volesse la tessera? Il brutto è che la vita sarebbe molto più semplice, se solo ce ne rendessimo conto. Ma non ho voglia di stare a discutere, quindi salgo le scale e vado a fare 'sta tessera.

Dopo essermi fatto spiegare come si fa a prendere un libro, ho chiesto alla signora lavatrice quanti libri ci sono in tutta la biblioteca. «Circa nove milioni» mi ha risposto lei orgogliosa. Nove milioni di libri. Praticamente anche se ne leggessi tre al giorno, in tutta la mia vita non riuscirei a leggerne nemmeno la metà. Se solo in questa biblioteca ce ne sono nove milioni, vuol dire che in tutto il mondo ce ne saranno almeno tre volte tanto. E ogni anno se ne scrivono sempre di nuovi. Secondo me ci sarà un giorno in cui ci saranno più libri che persone. Pagine che erano bianche e sono state sporcate d'inchiostro da uomini e donne che hanno sentito e sentono il bisogno di inventare storie e di raccontarle ad altri. Tutto questo per che cosa? Intanto, credo, per passare il tempo e poi per avere uno scopo nella vita. E che scopo. Nel senso che tra le arti, quella della scrittura è una delle più longeve. Tipo i quadri, no, dopo un po' si consumano. Per bene che li conservi dopo un po' finiscono. Per non parlare del teatro. Per bello che sia uno spettacolo non può durare in eterno. Invece i libri, no. In qualche modo scrivendo un libro consegni le tue parole all'immortalità. Di fatto diventi immortale. Le tue parole verranno lette anche da persone che vivranno tra due secoli. È da quando ho perso la memoria che cerco di inventare qualcosa che ancora non è stato inventato. Forse sto sbagliando. Forse dovrei mettermi a scrivere un libro. Anche se il fatto che io abbia trentadue anni e ancora non abbia scritto nulla se non poesie orrende, qualcosa vorrà dire. E poi chi lo leggerebbe? Perché uno dovrebbe mettersi a leggere una storia che ho inventato io? In fondo la scrittura è un po' una cosa da presuntuosi. Praticamente tu scrivi una storia che piace a te e sei convinto che debba piacere anche agli altri. «Ha trovato qualcosa?» mi chiede la lavatrice. «Veramente, no» le rispondo. «È che ce ne sono troppi. Non riesco a scegliere.» «Che storie le piacciono?» mi chiede. Io la guardo e non rispondo. Non rispondo perché chennesò di che storie mi piacciono? Ma non ho voglia di raccontare tutto il pippone dell'amnesia. Quindi le dico: «Non lo so. Forse una storia in cui si parla di uno che scopre il mondo». Lei mi sorride e poi mi fa cenno di seguirla. Io le vado dietro finché non arriviamo alla lettera esse. Poi apre il cassetto, tira fuori un cartoncino e me lo da. «Legga questo» mi dice, «vedrà che le piacerà.»

71

Che cos'è la forza dell'abitudine? Io non lo so, quello che so è che l'abitudine riesce a togliere forza e intensità a qualsiasi picco alto o basso che sia, ma al contempo ti dà serenità, ti accoglie e ti culla, non fa paura l'abitudine, è consolante.

L'abitudine è come l'acqua tiepida, non tonifica come quella fredda e non rilassa come quella calda, ma almeno ci puoi fare un bagno.

L'ascensore sta scendendo al piano terreno e io guardo il soffitto sbuffando perché quando non sono solo non so cosa dire e dove guardare. Tengo in mano il libro che mi ha consigliato la signora della biblioteca e in attesa che si aprano le porte guardo il titolo e lo leggo come se cercassi qualcosa tra quelle parole sulla copertina: *Il giovane Holden*. La signora coi capelli bianchi che divide con me l'ascensore lo indica e dice: «È stato il mio libro preferito». Io le sorrido, finalmente si aprono, la saluto, la signora esce e va verso la sua macchina, sale sul sedile del passeggero e chiude la portiera. La guardo seduta lì in auto senza nessuno al volante. Lei improvvisamente ha un sobbalzo come se le fosse venuto in mente qualcosa, fa un sospiro, esce dall'auto, raggiunge il posto di guida, apre la portiera e prima di salirci alza gli occhi e incontra il mio sguardo, allora accenna un sorriso di scherno e poi mi dice: «È la forza dell'abitudine. Per anni mi sono sempre seduta da quella parte, mio marito è mancato un anno e mezzo fa eppure a me ancora non viene da sedermi al volante. Buona giornata». La osservo mentre esce dal cortile in prima con il motore che gira a quindicimila giri e chiede pietà. Cerco di capire cosa volesse dire. Cioè, so che cos'è l'abitudine anche se ancora non l'ho provata, so che l'abitudine è una routine, è la cadenza che si dà alle proprie giornate e che le rende tutte uguali. So anche che l'abitudine è rassicurante perché conferma quello che si è, però arrivare a salire dalla parte sbagliata di un'auto solo perché si è abituati a farlo credo sia un po' troppo, forse è semplicemente che la signora perde qualche colpo e si rifugia dietro la forza dell'abitudine. Vado verso l'Esselunga. Mi piace andare al supermercato, girare tra gli scaffali e prendere le cose che mi attirano di più. Entro e prendo il carrello, ma immediatamente provo un senso di smarrimento. Mi guardo in giro per capire se sono nel supermercato giusto ma direi di sì, è quello in cui vengo sempre, però al posto dei banchi della frutta adesso ci sono degli scaffali con i detersivi, il bancone dei salumi e dei formaggi era sulla destra mentre ora si trova in fondo ed è due volte più grande. Mi ci avventuro ma non so cosa prendere e soprattutto non so dove prenderlo. Giro per gli scaffali con il carrello vuoto senza il coraggio di riempirlo. I prodotti sono gli stessi ma stanno in posti diversi e mi sembrano estranei. È passata mezz'ora e ho preso solo una bottiglia d'acqua.

Il bar tabaccheria fuori dal supermercato è stretto e lungo. Io devo andare in bagno, quindi entro e vado diritto alla porta in fondo a sinistra, che tanto il bagno è sempre in fondo a sinistra. Quando esco, al bancone ci sono quattro uomini che parlano tra loro. Il barista li raggiunge e loro dicono: «Antonio dacci il solito». Ancora. Ancora questa storia del "solito" nei bar. Loro un'abitudine ce l'hanno, è arrivato il momento di crearmela pure io. Mi metto in coda alla cassa. Una signora grassa e sciatta sta grattando una patina argentata da una schedina colorata, il tizio di fronte a me ordina un nano ghiacciato e un gratta e vinci. Arriva il mio turno e io, senza esitazioni: «Un gratta e vinci e un nano ghiacciato». «Tre euro e cinquanta» mi dice il signore coi baffi dietro la cassa, poi stacca una schedina colorata da un carnet e la allunga verso di me. Io la guardo, ma vedo solo disegni di animaletti di ogni tipo e un quadrato argentato. Sbircio cosa sta facendo il tizio che era davanti a me e lo imito. Prendo una moneta da un euro e gratto via l'argento. «Il suo bicchiere» mi dice il barista. Io ne bevo un goccio, stringo gli occhi per deglutirlo perché è disgustoso e mi dico che non posso partire da qui per iniziare un'abitudine, non posso partire dal nano ghiacciato. Continuo a grattare via l'argento e appaiono tre animaletti tutti in fila che non so cosa significhino. Lo chiedo al tizio che stava facendo lo stesso un attimo fa, lui guarda il biglietto colorato, poi mi guarda e mi dice: «Hai vinto». I tizi al bancone si girano, il barista anche, la signora grassa dice: «Chi ha vinto?». «Io» le dico. Lei non è felicissima, o forse lo è ma lo nasconde bene e se ne va dicendo: «Merda, ci gioco tutti i giorni e non vinco mai, arriva 'sto pirula e vince al primo colpo». Dalle facce intorno a me capisco che tra le abitudini di questi signori, quella di vincere non è così frequente. Io sono contento, perché ho iniziato a costruirmi delle abitudini e quella di vincere mi piace. Vado alla cassa, riscuoto i miei dieci euro e il baffone dietro al bancone mi squadra e mi dice: «Ma non ti abituare però».

72

Il cielo comincia a diventare più blu. Sono le dieci del mattino, sono in Vespa e sto andando al lavoro. Sto lavorando a questa cosa del programma sulla mia storia, quella dell'amnesia. Entro in un bar a fare colazione. Mi siedo a un tavolino vicino alla vetrina. Mi piace guardare la città che scivola verso la primavera restando riparato nel tepore dietro al vetro. Un tizio in giacca blu che spinge un passeggino passa sul marciapiede, mi vede, sorride e mi saluta. Io ricambio e distolgo lo sguardo. Non so chi sia ma ormai sono abituato a salutare persone che non conosco. Lui però pare molto contento di vedermi, gira il passeggino, entra nel bar e si accomoda al mio tavolino. Ha una faccia simpatica. Ordina un cappuccino, poi si volta, mi guarda e ha un sobbalzo, come di chi si è scordato una cosa ovvia, ruota la carrozzina verso di me e indica la bambina che ci sta dentro. Mi dice: «Lei è Caterina, è mia figlia». Allora allungo la mano e mi presento: «Piacere, io sono Matteo», lui fa lo stesso e mi risponde: «Io sono Alessandro, non ti ricordi di me?». «No, mi spiace non mi ricordo di nessuno.»

Lui mi guarda con un sorriso interrogativo. «Mi sono perso qualcosa?» Io allora faccio la cosa che da qualche tempo mi ero stufato di fare, gli racconto tutto. Gli racconto dell'8 settembre, dell'amnesia, della vita senza ricordi, del sapore nuovo delle cose, della paura e della meraviglia. Lui mi osserva come se stesse ascoltando una favola, poi beve un sorso di cappuccino e mi chiede: «Matteo, ma è uno scherzo? Mi stai prendendo in giro o è vero?». «Io non so più se è una storia vera oppure no. Però è una storia e quando la racconti diventa la tua.»

Lui prende in braccio sua figlia, la guarda, indica il dentino appena spuntato e mi dice: «Praticamente hai più cose in comune con lei che con me». Le sistema il cappotto, la infila nel passeggino ed esce. Io finisco il cornetto e faccio lo stesso. Accendo la Vespa, metto la prima, giro a sinistra e vado al lavoro.

Parcheggio che sto ancora pensando a Caterina, la bambina che ha la mia stessa età. Guardo la Rai e mi accorgo che sono arrivato in corso Sempione e non ho nemmeno visto la strada. L'ho fatta senza accorgermi dei semafori, delle vie, delle piazze. Appoggio i piedi per terra, tengo il motore acceso e mi guardo in giro, sono arrivato in un posto che conosco, facendo una strada che conosco.

È la prima volta che non scopro nulla di nuovo, un semaforo troppo luminoso, un portone antico, una ragazza sorridente che attraversa sulle strisce.

Giro la Vespa, metto la prima e torno indietro, torno verso il bar da cui sono partito ripercorrendo la strada a ritroso: corso Sempione, il parco, San Vittore, la darsena ed eccomi al punto di partenza.

Guardo a sinistra verso la strada da cui sono arrivato, quella che ho percorso poco fa senza nemmeno accorgermene, la stessa a cui ho fatto l'abitudine, lentamente, giorno dopo giorno. Guardo la gente in auto, che parla al telefono, ascolta la radio e non si cura della strada, perché la conosce già. Non la deve nemmeno guardare.

Improvvisamente mi viene da ridere perché penso che alla fine da tutta questa storia dell'amnesia una cosa l'ho capita. Che se c'è una cosa che non mi devo dimenticare, è di cambiare strada ogni giorno.

Guardo a sinistra verso la strada di tutti i giorni, poi giro a destra, ingrano la prima e parto.

Arnoldo Mondadori Editore S.p.A.

Questo volume è stato stampato
presso Mondadori Printing S.p.A.
Stabilimento Nuova Stampa Mondadori - Cles (TN)

Stampato in Italia - Printed in Italy